Vieles aber
will ich noch tun
Rutschbahn fahren mit meinem Enkel
rumpurzeln im Heu
und lachen dazu
Leute ansprechen
im Tram auf der Straße
die mir gefallen und fragen
wie geht's

Zeit mir nehmen für einen Schwatz
im Blumenladen die Ansicht
der Gärtnerin kennen lernen
über Jahreszeiten und Sträuße

Reisen
ein Weingut suchen im Herz der Toskana
weil mir das Etikett auf der Flasche gefiel
An die Nordsee fahren
weil ich Sehnsucht habe
nach grauen Stränden und frischem Wind
Was mir so einfällt
ein Nachtspaziergang
Düften folgen
und fliegen lassen Bänder im Wind

Unbekümmert und barfuß
lauf ich ins Grab

E.S.

Elisabeth Schlumpf

Wenn ich einst alt bin, trage ich Mohnrot

Elisabeth Schlumpf

Wenn ich einst alt bin, trage ich Mohnrot

Neue Freiheiten genießen

Kösel

ISBN 3-466-30636-1

Druck und Bindung: Kösel, Kempten
Umschlag: Elisabeth Petersen, München
Umschlagmotiv: Imagebank München

Gedruckt auf umweltfreundlich hergestelltem Werkdruckpapier (säurefrei und chlorfrei gebleicht)

Inhalt

Vorwort

Ich widme dieses Buch meinen Eltern, die mir beide nicht zeigen konnten, wie man gut alt wird. Gerade deshalb war ich gefordert, mich mit meinem eigenen Alter zu beschäftigen und herauszufinden, wie ich es gestalten und erfüllen kann.

Ich habe zwar als Kind alte Menschen gekannt, sie gehörten zu meinem Leben. Ich liebte sie: meine Großmutter, die mir Geschichten erzählte, wenn ich zu ihr ins Bett schlüpfte. Meinen Großvater: Ihn bewunderte ich, er kam mir stets wie ein breitbrüstiger starker Baum vor. Sie lebten ihr Alter jedoch in einer anderen Welt, als es die heutige ist. Lebenskraft gaben sie mir als Erbe mit, ihre Lebensweise aber konnte ich nicht übernehmen.

Kein Modell zu haben bringt auch Vorteile. Man ist in keine Schiene gezwängt, hat kein vorgefertigtes Programm zu erfüllen oder sich davon zu lösen. Dafür muss man sich in einer unbekannten Landschaft zurechtfinden, die Ziele selber festlegen und die Pfade auf eigene Faust finden. Es ist äußerst hilfreich, über ein Thema zu schreiben, das einen selber betrifft. Ich konnte denn auch erst ein Altersbuch beginnen, als eindeutig feststand, dass ich selbst älter werde, und die Frage auftauchte, wie sich diese Lebensphase erfüllend gestalten lässt, was einem auf dem Weg begegnet und womit man sich – manchmal unfreiwillig – auseinander setzen muss.

Viel von meiner eigenen Lebenserfahrung ist in die Texte eingeflossen, aber nicht nur. Der Austausch mit meinen mehr oder weniger gleichaltrigen WeggefährtInnen über unser Älterwerden war von unschätzbarem Wert für mich, ebenso die Begegnungen mit KlientInnen zwischen sechzig und fünfundsiebzig Jahren, die ich begleitet habe. Ich werde mich im Nachwort einzeln bei ihnen bedanken.

Alle Beispiele in diesem Buch wurden mit ausdrücklicher Genehmigung der Betroffenen aufgenommen und so weit verfremdet, dass ein Erkennen der Personen nicht möglich ist.

Der Einfachheit halber verwende ich abwechslungsweise die männliche oder die weibliche Form, wo eine Doppelform die Verständlichkeit beeinträchtigen würde.

Einleitung

Dieses Buch ist für Menschen in unserer westlichen Kultur geschrieben worden. Hier, wo kaum jemand hungert und fast alle ein Dach über dem Kopf haben, möchte man so gerne alt werden, so alt wie möglich. Gleichzeitig ist alt sein verpönt – pfui über die Falten, die grauen Haare, die nachlassende Straffheit des Körpergewebes! Und also will man im Alter möglichst jung bleiben, oder wenigstens jugendlich. Kompliment, Sie sehen nicht aus wie siebzig, Sie sehen zehn Jahre jünger aus! Gut, aber wie sollen wir damit umgehen, dass trotz der Bemühung um Jugendlichkeit Alter und Tod uns überkommen, unwillkommen, unerwartet, weggewiesen, aber hartnäckig wie ein Postbote, der den Brief, dessen Annahme wir verweigern, schließlich unter der Türspalte hindurchschiebt?

Zugegeben: Sinnverarmt, beziehungslos und von Schmerzen geplagt ist das Alter ein Fluch. Wenn wir das Glück haben, bei einigermaßen guter Gesundheit und in befriedigenden Beziehungen älter zu werden, geht es wohl darum zu verstehen, was uns das Alter als Lebensphase anbietet, welchen Sinn wir darin finden können und welche Klippen auf uns warten. Weil die letzte Phase heutzutage bis zu einem Viertel der gesamten Lebenszeit ausmachen kann und noch immer weniger erforscht ist als beispielsweise die Kindheit oder die Pubertät und weil eine genormte gesellschaftliche Vorstellung darüber schwebt, haben wir Mühe, uns in ihr zurechtzufinden. Wir sind herausgefordert, einen persönlichen Weg durch die nicht genau vorgezeichnete Landkarte des Alters zu finden. Das vorliegende Buch möchte als Wegweiser dazu dienen.

Der erste Teil befasst sich mit dem allgemeinen Prozess des Altwerdens, der zweite nimmt spezifische Themen auf, und der dritte besteht aus einem Dialog zwischen zwei Frauen in verschiedenen Lebensphasen und -situationen. Die ältere Frau lebt in einem Altenheim, wo sie sich zunächst einsam fühlt und unzugänglich wirkt. Erst über den Kontakt zu einer warmherzigen Mitbewohnerin findet sie wieder Verbindung zum mitmenschlichen Austausch, auch über letzte Dinge. Sie schreibt ihre Erfahrungen in einem Tagebuch nieder. Die jüngere, in der Mitte des Lebens stehend, hat Familie und Beruf. Sie antwortet auf die Notizen, die sie erst nach dem Tod der alten Frau liest. Die Lebensform der Älteren stellt *eine* Möglichkeit dar, sie soll nicht als alterstypisch gelten. Der Akzent liegt auf dem Dialog zwischen den Generationen, dem wachsenden Verständnis der Jüngeren anhand des Tagebuches für die Lebensphase, die noch vor ihr liegt, sowie der Möglichkeit eines Wandels erst in der allerletzten Zeit des Lebens. Beide Personen sind fiktive Gestalten.

Teil I

Sieben wichtige Aspekte des Altseins

Vielfältige Gestaltungsmöglichkeiten

Das Alter ist die letzte Phase unseres Lebens. Bedingt durch die steigende Lebenserwartung kann sie heutzutage ein Viertel und mehr unserer gesamten Lebensspanne ausmachen. Dass dies weitreichende soziale und gesellschaftliche Folgen hat, wissen wir alle. Die Formel für einen durchschnittlichen Lebenslauf:

»Aufwachsen – Beruf lernen – Arbeiten – kurzer Ruhestand – Lebensende« gilt nicht mehr. An ihre Stelle ist die Aufforderung getreten, den letzten Lebensabschnitt von vielleicht fünfzehn bis zwanzig Jahren auf je eigene Weise zu gestalten. Dies ohne allgemein gültige Vorbilder, denn es gibt keine »altersgemäßen« Normen mehr, die eine Neunundsechzigjährige oder ein Sechsundsiebzigjähriger erfüllen müssten. Im Gegenteil: Wir tragen im Alter gewiss kein schwarzes Kopftuch, das uns als jenseits der Jugend kennzeichnet. Wir treiben jede Art Sport. Wir machen Reisen. Wir nehmen an allem teil, was uns interessiert. Nichts ist von Alters wegen verboten. So gesehen ist das Alter zu einer aufregenden Phase geworden, die einen breiten Fächer an Gestaltungsmöglichkeiten anbietet.

Andererseits unterliegen wir im Alter einem biologischen Formwandel. Wir kommen ja nicht zufällig als menschliche Wesen zur Welt und nicht als Eichhörnchen, Reh oder Löwe. Unsere Gestalt formt sich nach dem genetischen Code, den die befruchtete Eizelle in sich trägt. Unser Wachstum wird bestimmt durch die den

Zellen innewohnende Matrix, so wie sich aus dem in der Eichel ruhenden Bauplan eine Eiche entwickelt, aus Körnern Getreide wird und aus Tulpenzwiebeln Tulpen hervorwachsen. Als Menschen entwickeln wir uns vom Baby zum Kleinkind, zum Schulkind, zum Jugendlichen, zum jungen und älteren Menschen, von da zum alten Menschen und zuletzt zum Greis, wenn es uns vergönnt ist, einen ganzen Lebenszyklus zu durchlaufen.

Die ersten Stufen dieses Entwicklungszyklus' sind uns vertraut. Wir sehen vor uns Kinder aufwachsen, zu jungen Erwachsenen werden, wir kennen das Im-Leben-Stehen als Tätige und etwas Bewirkende. Die späteren Lebensphasen sind uns in ihrer Gesetzmäßigkeit weniger vertraut. Häufig verbinden wir sie mit Reduktion und Verfall, wovor wir uns fürchten.

Immerhin gibt es einige Konzepte über den Verlauf der zweiten Lebenshälfte. Erik H. Erikson, ursprünglich Psychoanalytiker, befasste sich später auch mit den Sozialwissenschaften. Er stellte ein Diagramm auf über die menschlichen Entwicklungsstufen in der westlichen Gesellschaft. Es enthält deren acht. Bezeichnenderweise umfassen sechs die Stufen der Kindheit bis zum frühen Erwachsenenalter. Nur zwei sind dem mittleren und dem reifen Erwachsenenalter gewidmet, als deren Thematik Erikson die Generativität respektive die Integrität nennt. Was er mit Integrität meint, die er dem späteren Erwachsensein und damit auch dem Alter zuordnet, umschreibt Erikson folgendermaßen:

»Er (der seelische Zustand der Integrität) bedeutet die Annahme seines einen und einzigen Lebenszyklus und der Menschen, die in ihm notwendig da sein mussten und durch keine anderen ersetzt werden können. Er bedeutet eine neue andere Liebe zu den Eltern, frei von dem Wunsch, sie möchten anders gewesen sein, als sie waren, und die Bejahung der Tatsache, dass man für das eigene Leben allein verantwortlich ist.

Er enthält ein Gefühl von Kameradschaft zu den Männern und Frauen ferner Zeiten und Lebensformen, die Ordnungen und Dinge und Lehren schufen, welche die menschliche Würde und Liebe vermehrt haben. Obwohl ein Mensch, der Integrität besitzt, sich der Relativität der unterschiedlichen Lebensweisen bewusst ist, die dem menschlichen Streben Sinn verliehen haben, ist er bereit, die Würde seiner eigenen Lebensform gegen alle physischen und wirtschaftlichen Bedrohungen zu verteidigen. Denn er weiß, dass sein individuelles Leben die zufällige Koinzidenz nur eines Lebenskreises mit nur einem Segment der Geschichte ist; und dass für ihn alle menschliche Integrität mit dem einen Integritätsstil steht und fällt, an dem er teilhat.«

Das Konzept von Erikson stellt den reifen Erwachsenen als einen eigenständigen Menschen dar, welcher sein Leben und seine Biographie bejaht und ein Bewusstsein gewonnen hat von der Vernetztheit und Ganzheitlichkeit menschlichen Lebens.

Ein weiteres Konzept, das auf Ganzheitlichkeit zielt, stammt von C.G. Jung. Er betont, dass in der zweiten Lebenshälfte – ab ungefähr vierzig Jahren – eine Umkehrung der Werte stattfindet. Während die erste Lebenshälfte nach außen gewendet verläuft, der Verankerung in der Welt gewidmet ist und dem Aufbau von Beruf und Familie, Fähigkeiten und Kompetenzen dient, ist die zweite darauf ausgerichtet, sich nach innen zu vertiefen, den Weg zu sich selber zu finden, als unverwechselbares Individuum vollständig zu werden. Jung nennt diesen Prozess »Individuation«. Nach seiner Lehre bedarf es dazu der Integration des eigenen Schattens, das heißt der unbewusst gebliebenen persönlichen Seiten sowie eines Ausgleichs zwischen männlichen und weiblichen Seelenanteilen.

Beide Konzepte stammen aus der zweiten Hälfte des 20. Jahrhunderts und beziehen sich auf Wachstumsprozesse geistig-seelischer Art. Vom körperlich-biologischen Aspekt und der eigentlichen Altersphase ist in ihnen noch wenig die Rede.

Erst gegen Ende des 20. Jahrhunderts hat ein amerikanischer Forscher ein präziseres Konzept der mittleren und späten Phasen im menschlichen Lebenskontinuum entwickelt. Stanley Keleman, der Begründer der Formativen Psychologie, fasst Wachstum als formbildenden, somatisch-emotionalen Prozess auf. Nach ihm folgt menschliches Wachstum auch im Alter biologischen Gesetzen. Im Verlauf dieses Prozesses sinkt unser Körperschwerpunkt nach unten, ins Becken, sozusagen in die Küche des Körpers.

Wir werden auf natürliche Art mehr und mehr zu einem »Eingeweide-Menschen«. Der Vorteil dieses Geschehens liegt darin, dass wir uns von einem anderen Ort her auf die Welt beziehen können: von einem mehr die Seins- als die Handlungsqualität betonenden. Das berühmte »Ruhen in sich selbst« wäre damit von der Natur vorgesehen als ein altersentsprechender Zustand. Darum ist es uns bekömmlich, diesen Formwandel zuzulassen und mitzuvollziehen. Oft sträuben wir uns aber dagegen, weil wir unser Selbstbild aus einer früheren Lebensphase, das, womit wir uns auch körperlich identifiziert haben, nicht hergeben wollen.

Wir unterliegen jedoch alle diesem Formwandel, der alte Konturen auflöst und neue Dimensionen zugänglich macht. Unser Lebensbogen entspricht einem Kontinuum, in dem sich eine Gestalt aus der andern herausformt, eine Form die nächste als Keim in sich trägt, aus sich heraus entlässt und wieder zurücktritt. Dieser Vorgang entspricht in seinem Ablauf genau dem Sinn von Goethes »Stirb und Werde«.

So gesehen bedeutet Altern nichts anderes als Wachsen bis zur Formauflösung, etwas Urtümliches, aus der Tiefe menschlicher Existenz heraus Festgelegtes. Welche Bedeutung wir den einzelnen Lebensphasen geben, welche wir bevorzugen, welche wir ablehnen, hängt wesentlich von den zeitbedingten gesellschaftlichen Strömungen und dem kulturellen Rahmen ab, in welchem wir aufwachsen und leben. Außerdem kommt es darauf an, ob wir von Natur aus mehr zur Besinnlichkeit oder zum aktiven Tätigsein neigen. Für einen gemütsbetonten Menschen kann das biologisch bedingte Sich-in-sich-selber-Hineinsetzen wie Heimkommen sein, während es einen Aktionsbezogenen zunächst fremd anmutet. In jedem Fall geht es darum, eine bewusste persönliche Einstellung zu der eigenen Lebensphase zu gewinnen, insbesondere zu der späten, obwohl wir damit in einen Gegensatz zu gängigen gesellschaftlichen Vorstellungen geraten können.

Der Kontrast zwischen dem natürlicherweise intendierten Wachstumsprozess und den allgemeinen Vorstellungen vom Alter kann der Grund sein, welcher uns hindert, unser Alter anzunehmen wie ein Maler die Leinwand: bereit, sie mit farbigen Bildern zu füllen.

Wie Pioniere könnten wir uns in das Neuland des Alters hineinwagen, den eigenen Wachstumsprozess als Kompass benützend. Entlang den Veränderungen unserer biologischen Form haben wir die Chance, unser Alter individuell zu gestalten, vorausgesetzt, dass wir gesundheitlich und finanziell nicht so eingeschränkt sind, dass unsere erste Sorge den körperlichen Behinderungen oder dem Überleben gelten muss. Leidlich gesund und finanziell einigermaßen abgesichert könnten wir auf vielfältige Weise dem Alter Farbe verleihen.

Und, tun wir es? Nutzen wir die Chance? Leider stehen wir uns selber oft im Wege, um den Reichtum des Alters voll auszuschöpfen. Alt werden wollen wir nämlich, aber ja nicht alt sein.

Stufen

Wie jede Blüte welkt und jede Jugend
Dem Alter weicht, blüht jede Lebensstufe,
Blüht jede Weisheit auch und jede Tugend
Zu ihrer Zeit und darf nicht ewig dauern.
Es muss das Herz bei jedem Lebensrufe
Bereit zum Abschied sein und Neubeginne,
Um sich in Tapferkeit und ohne Trauern
In andere, neue Bindungen zu geben.
Und jedem Anfang wohnt ein Zauber inne.
Der uns beschützt und der uns hilft, zu leben.

Wir sollen heiter Raum um Raum durchschreiten,
An keinem wie an einer Heimat hängen,
Der Weltgeist will nicht fesseln uns und engen,
Er will uns Stuf' um Stufe heben, weiten.
Kaum sind wir heimisch einem Lebenskreise
Und traulich eingewohnt, so droht Erschlaffen.
Nur wer bereit zu Aufbruch ist und Reise.
Mag lähmender Gewöhnung sich entraffen.

Es wird vielleicht auch noch die Todesstunde
Uns neuen Räumen jung entgegensenden,
Des Lebens Ruf wird niemals enden ...
Wohlan denn, Herz, nimm Anschied und gesunde!

Hermann Hesse[1]

Geheime Vorstellungen

Was uns hindern kann, unser Alter zu genießen, sind geheime Vorstellungen, denen auf die Spur zu kommen sich lohnt. Sie können kollektiver Art sein, und wir haben sie uns unbemerkt zu Eigen gemacht. Sie können aber auch im Laufe unserer Lebensgeschichte durch prägende persönliche Erfahrungen entstanden sein. In jeder Familie gibt es eigene Vorstellungen, »wie man bei uns alt wird«. Diese können sehr abschreckend sein. Vielleicht halten Sie einen Moment inne, um sich zu erinnern, ob es in Ihrer Herkunftsfamilie Menschen gegeben hat, deren Altwerden für Sie wenig Verlockendes hatte. Mamas ewiges Färben der Haare, weil sie jünger erscheinen wollte, kann Sie genervt haben. Oder Onkel Tobias' langatmige Weise, immer dieselben Geschichten zu erzählen, hat Sie bei jedem Besuch gelangweilt. So liebenswürdig diese Familienmitglieder sonst gewesen sein mögen, fürs Älterwerden haben sie Ihnen signalisiert: »So lieber nicht!«

Die kollektiven Vorstellungen beeinflussen uns auf jeden Fall, denn sie sind rund um uns mit Händen zu greifen, mit Auge und Ohr aufzunehmen. Wir können sicher sein: In unserer Gesellschaft alt zu werden heißt nicht, auf den Status einer geehrten und respektierten Person zuzugehen. Geld und Macht können uns zwar immer noch Einfluss und Ansehen verschaffen, aber keinesfalls das Alter an sich.

Die Ideale einer Leistungsgesellschaft verlangen Leistungen, die nur ein junger, kräftiger Körper erbringen kann. Es scheint sich ein Graben aufzutun zwischen den Jungen, Leistungsfähigen und somit Attraktiven und den unnützen Alten, den Rentenverzehrern, die den Buckel der Jüngeren belasten.

Eine Umfrage unter den Besuchern des kalifornischen Vergnügungsparkes *Paramounts Great America* ergab: »Die schlimmste Gänsehaut lösten unter den Befragten Schlangen aus, gefolgt *von der Vorstellung, älter zu werden.*«

Eine europäische Fernsehwerbung macht Reklame für die Hautpflege mit einer bestimmten Crème in drei Spots:

Der erste zeigt eine ganz junge Frau mit makellosem Teint.

Text: »Ich will keine Falten.«

Dann folgt eine vielleicht drei Jahre ältere Frau, immer noch makellos.

Text: »Und ich will eine straffere Haut.«

Zuletzt erscheint eine nochmals geringfügig ältere Frau, weiterhin makellos.

Text: »Und ich will keine Altersflecken.«

In diesen zwei beliebig herausgegriffenen Beispielen tritt uns grell die gesammelte kollektive Abwehr gegen das Alter und seine Spuren entgegen. Auch wenn wir die Reklamen, die uns Mittel zur Fettbeseitigung und Faltenentfernung, für straffere Brüste und immerwährende Potenz anbieten, als absatzförderndes Spiel mit der allgegenwärtigen Angst vor dem Alter durchschauen – gefeit sind wir deswegen gegen diese Angst durchaus nicht. Die insgeheim aufgebauten Vorstellungen sind wirksam.

Dies zeigt sich auch, wenn wir einer Gruppe von jüngeren Menschen die Aufgabe geben, alte Leute von siebzig bis achtzig Jahren darzustellen. Sehr wahrscheinlich verwandelt sich die Gruppe von gerade gewachsenen Menschen blitzschnell in hinkende, krumme Gestalten, die einander brabbelnd ihre Krankheitsgeschichten erzählen, die imaginäre Brille oder das Gebiss zurechtrücken, nach dem Stock tasten, wackelnd, lallend, sabbernd. Ich habe dieses Experiment verschiedentlich in Gruppen gemacht, und die TeilnehmerInnen waren selber erstaunt, wie drastisch ihre geheimen Vorstellungen über alte Menschen zutage traten.

Gemäß dieser Vorstellungen ist das Alter eben vor allem mit Mängeln behaftet, dies trotz den in den Medien gezeigten braun gebrannten fitten Alten, die dank besonderer Maßnahmen eben gerade diesen Mängeln zu entgehen scheinen. Kein Wunder, weisen wir das abscheuliche Bild vom Alter von uns, fliehen es wie die Pest oder bekämpfen es wie den Teufel.

Ein weiterer Grund für die abwehrende Haltung dem Alter gegenüber mag darin liegen, dass die prinzipielle Missachtung, welche die westliche Welt ihm entgegenbringt, Ängste aktiviert, die wir ein Leben lang in uns trugen, die wir aber mit einem tätigen Dasein als gesellschaftlich brauchbare und geachtete Menschen zum Schweigen bringen konnten. Diese Ängste haben mit Fragen nach dem Akzeptiertsein, dem Dazugehören, dem Geliebtsein als der/die man ist zu tun. Wenn wir nicht nur die Vorstellungen über das Alter, sondern auch die leistungsorientierten Maßstäbe unserer Gesellschaft verinnerlicht haben – woher sollen wir das Gefühl für unseren Wert nehmen, wenn wir diesen Maßstäben nicht mehr entsprechen?

Die frühen Lebensthemen können sich im Alter noch einmal verschärft melden in Form von Fragen: Wo bin ich zugehörig? Als was werde ich akzeptiert? Von wem fühle ich mich geliebt? Wenn diese Fragen auftauchen, stellt sich zugleich eine weitere, äußerst bedeutsame: Bringe ich mir selber genügend Wertschätzung entgegen, kann ich mir vorstellen, mich selbst als alten Menschen gern zu haben, so, wie ich dann sein werde? Wofür ich mich selber wertschätze, ist in jedem Alter eine zentrale Frage, im Zusammenhang mit dem Altwerden bekommt sie jedoch eine grundlegende Bedeutung.

Wenn wir uns klar werden über unsere geheimen Vorstellungen vom Älterwerden und sie uns vorbehaltlos eingestehen, können wir das Schreckgespenst »Alter« genauer ansehen. Vielleicht entdecken wir unter der Verkleidung etwas ganz anderes, als wir uns vorgestellt haben.

Das eigene Alter anerkennen

Die Liebe zu uns selbst, zu dem, was wir unverwechselbar sind, wird im Alter deshalb so wichtig, weil wir aller Wahrscheinlichkeit nach den Stolz auf unsere berufliche Tüchtigkeit, den finanziellen Erfolg, die verschiedenen gesellschaftlichen Funktionen mit der Zeit aufgeben müssen.

Selbst jüngere Menschen, die freiwillig in ihrem Leben eine arbeitslose Denkpause einlegen, scheuen die Frage »Was machst du denn jetzt?« und das nachfolgende verständnislose Kopfschütteln auf die Antwort »Nichts. Nichts Berufliches.«

Aus dem Berufsleben zurückgetretene Menschen – selbst wenn sie den Fähigkeitsausweis fürs Nicht-mehr-tun-Müssen in Gestalt ihrer grauen Haare präsentieren – sagen dennoch nicht gerne: »Ich tue nichts mehr. Nichts im Sinne von beruflicher Arbeit und Erwerbstätigkeit.«

Wenn wir nicht mehr wegen unserer Leistungen wertgeschätzt werden, was bleibt dann? Einzig die Liebe zu dem, was wir sind, unabhängig von unserem Können und Leisten. Gemeint ist nicht die Eigenliebe, die alles andere außer Acht lässt, sondern die tiefe Verbindung zu dem, was wir als einzigartige unverwechselbare Wesen sind. Diese Liebe gilt unserem Sein, nicht unserem Tun.

Von dieser Grundlage aus können wir vielleicht besser annehmen, dass wir – auch wir – tatsächlich älter und alt werden. Dass es keinen Jungbrunnen gibt, in den wir eintauchen und dem wir als Jugendliche entsteigen können. Mögen wir zehn oder fünfzehn Jahre jünger aussehen, als wir sind, dank unserer Vitalität oder dank unserer vielfältigen Anti-Altersmaßnahmen; mögen wir deswegen auch Schmeicheleien bekommen, die uns gut tun: Eines Tages sind wir alt, unleugbar alt.

Lassen wir dazu eine Frau von Mitte sechzig sprechen:

»Das Älterwerden hat mich allmählich überkommen. Ein paar Falten mehr, da und dort ein Leberfleck, ergrauendes Haar. Ein Blick in den Spiegel sagte mir: ›Keine junge Frau mehr, aber noch ganz passabel.‹

Bis zu dem Schock mit etwas über sechzig. Da übernahm ich die Rolle einer Kundin in einem Film, der zu Ausbildungszwecken gedreht wurde. Der Streifen war sehr informativ, was das Verkaufsgespräch anging, aber auch für mich persönlich. Was ich da sah, in Großaufnahme, war eine alte Frau. Es war, als ob du denkst, du bist Liz Taylor und findest dich als deine eigene Großmutter wieder. Ein böser Traum. Ein böses Erwachen. Aber auch heilsam. Die junge Frau, die ich noch in mir spüre, ist von außen nicht mehr sichtbar. Das Geschenk ihrer Lebensphase habe ich erhalten und muss jetzt das Geschenk meiner jetzigen Lebensphase ausfindig machen.«

Wir mögen uns langsamer annähern, länger wegsehen, uns trösten: »So schlimm ist es noch nicht!« – ausweichen können wir nicht. Das Älterwerden holt uns ein, ob wir es annehmen, es so lange wie möglich ignorieren, uns dagegen wehren oder uns resigniert damit abfinden.

Manchmal gibt uns unser Nachtselbst einen eindringlichen Hinweis wie im folgenden Traum, den mir eine ungefähr Sechzigjährige erzählte:

»Bis jetzt habe ich meine Haare immer rot gefärbt. Ich gefiel mir als ›die mit der roten Mähne‹ und dachte nicht daran, dieses Kennzeichen aufzugeben. Eines Nachts träumte ich, dass ich mich vornüberbeugte. Die Haare fielen mir von hinten über das Gesicht. Merkwürdigerweise sah ich den Haaransatz im Nacken – obwohl die Haare mir das Gesicht verdeckten – und diese Nackenhaare waren grau. Eine Stimme sagte: ›Pass auf, dass du dein Alter nicht verpasst!‹

Jetzt bin ich unsicher, ob ich meine grauen Haare zum Vorschein kommen lassen soll. Auf jeden Fall muss ich mich meinem Alter stellen.«

Es scheint, dass eine innere Instanz uns auf unser Älterwerden hinweisen möchte. Selbstverständlich ist es nicht verboten, uns verschönern zu wollen, das tun wir ja in jedem Alter. Wichtig ist offenbar, vor uns selber nicht zu verleugnen, dass wir nicht mehr dreißig oder vierzig Jahre alt sind. Beide vorher erwähnten Frauen erhielten – die eine über eine unerwartete Spiegelung ihres Äußeren, die andere über einen Traum – die unmissverständliche Einladung, sich mit ihrem Alter auseinander zu setzen.

Warum nur tun wir uns so schwer damit? Abgesehen vom Einfluss der gesellschaftlichen Idealvorstellungen, denen wir nicht mehr genügen können, gibt es noch einen anderen Grund, der das Akzeptieren des eigenen Alters schwierig macht. Wir sträuben uns vorerst dagegen, weil mit dem Anerkennen unseres Altwerdens unerbittlich der Horizont unseres Lebens erscheint, die Tatsache unserer Endlichkeit und Begrenztheit. Je älter wir werden, umso kleiner wird die Spanne, die uns von unserem Ende trennt. Mit diesem Wissen umzugehen ist eine besondere Aufgabe im Alter. Es bedeutet, sozusagen zweigleisig zu leben: einerseits in der Gegenwart, anderseits im Wissen, dass unser Tag schnell ins Ziel aller Tage münden kann.

Damit hat es aber noch Zeit. Wir sind erst beim Anerkennen unseres Altwerdens und machen einen nächsten Schritt.

Klagen über das Verlorene

Nehmen wir an, wir sind so weit gekommen oder das Leben hat uns dazu gebracht, unser Altern anzuerkennen. Was dann? Das heißt ja noch nicht, dass wir damit zufrieden sind oder uns darüber freuen. Das Alter nimmt uns tatsächlich vieles weg, woran wir gewöhnt waren, was wir als selbstverständlich zu uns gehörig beanspruchten. Wir erleiden Verluste, manchmal recht einschneidende. Und Verluste muss man beklagen können.

Lassen Sie uns also vorerst gründlich und ausgiebig über das Alter klagen, denn: Es gräbt Falten in unser Gesicht, beschert uns schwere Lider und Säcke unter den Augen, hängt uns Schmerbäuche und schlaffe Brüste an, stiehlt die Farbe aus unseren Haaren oder raubt uns grausam die ganze Haarpracht, runzelt die Haut und drückt braune Flecken darauf, verwandelt die Adern in bläuliche Schlangen an Händen und Beinen, streut rotblaue Besenreiser über die Schenkel und ribbelt sie wie Orangenschalen – wie sollen wir derart verunstaltet noch attraktiv sein für das andere Geschlecht, wie überhaupt noch anziehend?

Weiter nimmt uns das Alter den elastischen Gang, verlangsamt unsere Bewegungen, hindert uns am schnellen Treppensteigen, schränkt unsere Kräfte ein, so dass wir kaum mehr einen Koffer tragen können. Wer möchte da noch reisen?

Es stellt uns ein Bein, wenn wir eine Nacht durchtanzen wollen, zieht uns die Augenlider vorwitzig herunter, drückt unseren munteren Stehaufmann nieder, trocknet das Lustgewölbe aus, lässt uns nicht mehr ungestört schlafen – sollten wir ihm deswegen nicht gram sein?

Es verschreibt uns Werkzeuge, um zu sehen und zu hören; Brillen, die man mit einer zweiten Brille suchen muss. Lästig pfeifende Hörgeräte, deren Batterie gerade leer ist, wenn man sich auf ein Konzert freut. Es schlägt uns die Zähne aus; zwingt uns, körperfremde Konstrukte im Mund zu dulden. Es durchlöchert unser Gedächtnis. Es bereitet uns Schmerzen da und dort, macht uns wackelig und abhängig. Es liefert uns griesgrämigen Stimmungen aus und hört nicht auf, uns nach Lust und Laune zu beuteln.

Frech greift es nach unserer Wichtigkeit im Geschäft, andere nehmen da unseren Platz ein. Es setzt unser Einkommen herab. Auch wenn es noch reicht, wir können uns nicht mehr damit brüsten. Erbarmungslos setzt es uns Ängsten aus: Ob das finanzielle Polster ausreicht? Ob wir Entbehrungen ausgesetzt sein werden? Auch die schlimmste Angst erspart es uns nicht: Ob wir allein zurückbleiben? Denn das Alter entreißt uns ohne Gnade die besten Freunde, mit denen uns vielleicht jahrzehntelange Freundschaft verband. Es versorgt sie unter der Erde, lässt uns vor Einsamkeit krumm werden, senkt uns in Überdruss und Lebensmüdigkeit, verdunkelt uns die Welt und wird uns schließlich dem Tod in den Rachen werfen, wo wir zu Staub und Brösel werden.

Verfährt es nicht grausam mit uns? Ist es nicht ein schändlicher Dieb, dieses Alter? Nicht einmal gerichtlich verfolgen können wir es. Es gibt kein Tribunal für das Alter, wo wir Recht gesprochen bekämen und es uns die Verluste ersetzen müsste.

Sind wir nicht zu Recht empört über das, was es uns antut? Sollen wir uns nicht auflehnen und alles dagegen tun, es bekämpfen bis auf die Haut?

Es steht uns frei, mit allen Kräften gegen das Alter anzukämpfen. Aber aufgepasst: Es könnte sein, dass wir das Alter damit verbringen, es aufhalten zu wollen, und auf diese Weise verscherzen, was es uns schenken will. Anstatt uns anzustrengen, bunthaarig, schlank und faltenlos zu bleiben, könnten wir unsere weißen Haare und die persönliche Prägung unserer Gesichter als Ehrenmale unserer Reife betrachten. Das hilft uns, vom gesellschaftlichen Idol, alt und gleichzeitig fit zu sein wie ein junger Mensch, wegzukommen und unsern Blick dahin zu richten, wo im Alter gelingendes Leben angesiedelt ist.

Kraftquellen und Modelle

Vielleicht gehören Sie, liebe Leserin, lieber Leser, zu den Menschen, welche die Beschwerden und Einschränkungen des Alters mit Gelassenheit hinnehmen und Ihr Leben auch nach einschneidenden Verlusten befriedigend gestalten können. Vielleicht gehören Sie zu den Glücklichen, welche mit Zuversicht begabt ins Leben getreten sind oder sich im Laufe der Jahre ein solides Vertrauen in den Gang der Dinge aufgebaut haben. Jedenfalls sind Sie mit Ihren Kraftquellen in Verbindung geblieben, die es Ihnen ermöglichen, Ihren inneren Kompass auf ein erfüllendes Leben auszurichten.

Solchen Menschen gelingt es, sich auf neue Situationen einzustellen, indem sie sich über die eingetretenen Veränderungen zwar nichts vormachen, ihnen jedoch die guten Seiten abzugewinnen vermögen. Erinnern Sie sich an die über sechzigjährige Frau, die durch eine Filmaufnahme schockartig auf die Spuren des Alters in ihrem Gesicht gestoßen wurde? Was tat sie danach? Sie sprach mit einer gleichaltrigen Freundin über ihr Erlebnis, und die beiden fanden eine neue Definition ihrer selbst: »Ich bin eine die Spuren der Jahre nicht leugnende, innerlich junge Frau.« Damit konnten sie getrost weitergehen.

Bevor wir uns damit befassen, wie wir mit unsern Kraftquellen in Verbindung bleiben oder wieder mit ihnen in Kontakt kommen können, möchte ich ein paar Beispiele von Menschen anführen, die der Welt auch im Alter mit ungebrochener Neugierde und Vertrauen begegnen konnten:

- Eine Freundin von mir kaufte mit ihrem ersten Rentengeld ein funkelnagelneues Fahrrad mit zwanzig Gängen, und sie benützt es fast jeden Tag;
- mein Großvater bekam mit siebzig Lust, Spanisch zu lernen, und klemmte sich so fleißig dahinter, dass er bald mit seiner spanischen Haushaltshilfe radebrechen konnte;
- die Schwiegermutter einer anderen Freundin reiste mit sechsundsiebzig Jahren zum ersten Mal nach Bali – zweiundzwanzig Flugstunden. Sie kehrte zufrieden und wohlbehalten zurück;

- mein Onkel heiratete als zweifacher Witwer mit achtzig Jahren zum dritten Mal, eine ebenfalls verwitwete Jugendliebe. Er meldete die Heirat auf dem Standesamt strahlend an mit den Worten: »Wir müssen heiraten«;
- der Vater einer anderen Freundin verliebte sich mit zweiundneunzig Jahren im Altersheim in eine Mitbewohnerin und musste das Recht auf seine Liebe – in seinem Alter! – ordentlich verteidigen;
- eine fast Hundertjährige schrieb an ihrem 98. Geburtstag: »Ich habe gerade meinen 98. Geburtstag gefeiert mit meinen Kindern und guten alten Freunden. Wir haben in einem französischen Restaurant gegessen. Der Wein schmeckte so gut wie eh und je. Der 98. Geburtstag ist zwar nicht mehr der 68ste, aber auch noch nicht der 99ste. In meinem Alter muss man nicht auf das schauen, was nicht mehr geht, sondern auf das, was man noch kann. Und das ist doch noch viel.« Nebenbei: Sie lebte im Rollstuhl!

Bewundernswert, werden Sie sagen, und denken: Das sind eben die Glücklichen. Denen wurde alles in die Wiege gelegt. Das stimmt nur bedingt. Gewiss gehört eine kräftige Konstitution dazu, um im Alter noch derart vital zu sein. Das Geheimnis für den Lebensmut, der aus allen genannten Beispielen spricht, liegt aber darin, dass diese Menschen imstande sind, ihren Blick immer wieder auf die lebenswerten Seiten ihres Daseins zu richten, dass sie die Hoffnung nicht aufgeben, etwas Neuem zu begegnen oder noch einmal dazuzulernen, dass sie sich für die Erfahrung von Liebe immer wieder öffnen können. Was befähigt sie dazu?

Das eine sind die Kraftquellen aus der Kindheit. Wenn Sie in diesem Zusammenhang ein kleines Experiment machen mögen, schließen Sie doch bitte die Augen und nehmen Sie sich einige Minuten Zeit, um sich daran zu erinnern, woran Sie als Kind Freude hatten, was Sie bewegt und Ihnen ein warmes Herz gemacht hat.

War es die Freude am Rumtollen mit den Gleichaltrigen? War es die zärtliche Berührung von Mutters oder Vaters Hand? War es der Umgang mit Tieren oder die Freude am eigenen Gärtlein? War es das abendliche Geschichtenerzählen der Großmutter? War es die Freude am Liedersingen, am Kuchenbacken, am Konstruieren, am Geschenkebasteln? Hatten Sie Freude an sportlichen Betätigungen, am Fahrradfahren, am Schwimmen, am Skiwandern? Haben Sie sich als ForscherIn betätigt, Experimente gemacht, Untersuchungen angestellt? Waren Sie neugierig auf alles, was es in der Welt gibt?

Wenn vor Ihren Augen irgendetwas auftaucht, mag es auch etwas ganz Eigenes oder Absonderliches sein, das Sie lächeln macht oder an dem Sie heute noch Spaß haben, dann sind Sie mit einer Kraftquelle Ihrer Kindheit in Kontakt getreten.

Achten Sie bitte auf das Körpergefühl, das Sie jetzt haben. Atmen Sie ruhig, fühlen Sie sich entspannt, ist Ihnen warm ums Herz? Dies sind alles Zeichen, dass Sie an einem inneren Ort sind, von dem aus Sie mit Freude und Vertrauen in die Welt blicken können.

Nehmen Sie sich einen weiteren Moment Zeit, um zu

überlegen, welches die Kraftquellen Ihres heutigen Lebens sind: Liegen sie in den Beziehungen zu Menschen, dem Partner, der Partnerin, den Kindern, den Enkeln, zu Freunden und Freundinnen? Ist es eine Tätigkeit oder ein Hobby, das Ihnen Freude macht und Sie immer von neuem beglückt? Verbringen Sie Stunden in der Natur, im Garten oder auf dem Balkon mit Ihren Pflanzen? Reisen Sie gerne? Lieben Sie Bücher, lesen Sie gerne interessante Forschungsberichte, Romane, Krimis? Gehen Sie ins Kino, in Ausstellungen, in Konzerte? Treiben Sie Sport?

Vielleicht stellen Sie mit Erstaunen fest, dass die Kraftquellen Ihrer Kindheit gar nicht so verschieden sind von Ihren heutigen, dass von der Kindheit her ein Faden mitläuft, der Sie verbindet mit den nährenden, erfüllenden Seiten Ihres Lebens. Auch wenn dem nicht so ist, wenn die Kraftquellen von heute sich von denjenigen in der Kindheit unterscheiden, lohnt es sich, beide genau anzuschauen, um zu merken, was man in der Schatzkammer des eigenen Lebens zur Verfügung hat. Eine wesentliche Voraussetzung für ein erfülltes Alter ist nämlich die Fähigkeit, sich mit den eigenen Kraftquellen zu verbinden, und zwar auf eine tiefe, körperlich spürbare Weise. Von daher schöpfen wir Zuversicht in unsere Wurzelkräfte. Je klarer wir wissen, wo sie liegen, umso bewusster können wir uns mit ihnen verbinden und sie für unser Leben in Anspruch nehmen.

Neulich wünschte sich im Rundfunk eine alte Hörerin ein bestimmtes Stück von Chopin. Mit ihrer brüchigen Stimme sagte sie, sie hätte das Impromptu vor siebenundsechzig Jahren selbst gespielt. »Ich kann schon lange nicht mehr Klavier spielen, aber hören möchte ich es noch einmal.« Es schwang kein Bedauern über die verlorenen Fähigkeiten mit, nur die Vorfreude auf den Hörgenuss. Das ist ein eindrückliches Beispiel, wie man mitsamt einer altersbedingten Einschränkung Verbindung zu den Kraftquellen aus der Jugend aufnehmen kann.

Eine weitere Hilfe sind die Modelle, die sich in unserer Herkunftsfamilie oder in der Ahnengalerie finden. Möglicherweise hat Ihnen Ihre Mutter oder Ihr Vater, ein Großelternteil oder eine entfernte Verwandte vorgelebt, wie man das Leben meistert, und besonders, wie man gut mit dem Älterwerden und Altsein umgeht. Wenn Sie sich ein bisschen umsehen, stoßen Sie vielleicht auf Vorbilder, die Sie bisher kaum beachtet haben, die Ihnen aber für Ihre jetzige Lebensphase sehr brauchbare Botschaften vermitteln. Es kann Ihnen eine Großtante erscheinen, welche von der Familie stets etwas abfällig beurteilt wurde, weil sie ihren eigenen Weg ging, sich nicht an Konventionen hielt und für ein wenig ver-rückt galt. Genau diese Großtante können Sie zuhilfe nehmen, wenn es darum geht, sich von gesellschaftlich gängigen Vorstellungen zu befreien und Ihr ganz persönliches Leben im Alter zu gestalten.

Es darf auch ein Beispiel aus der Literatur sein. Kennen Sie Brechts *Die unwürdige Greisin*? Es ist die Geschichte einer alten Frau, die nach dem Tode ihres Mannes seine Werkstatt verkauft, keines der Kinder ins Haus bittet, sondern für zwei Jahre noch ihr ganz eigenes Leben lebt. Zum Entsetzen der Verwandtschaft geht sie ins Kino – damals noch den Jugendlichen und den Liebespaaren vorbehalten –, besucht lieber einen etwas verrufenen Flickschuster, wo lustige, aber wenig respektable Leute verkehren, anstatt irgendwelche Kaffeegesellschaften, macht Ausfahrten mit einem Pferdegefährt, speist jeden zweiten Tag im Gasthof. Sie, die zeitlebens für ein Dutzend Leute gekocht und immer das Übriggebliebene gegessen hat! Und als Krone des ungehörigen Benehmens hat sie Umgang mit dem einfältigen Küchenmädchen des Gasthofs, den sie häufig aufsucht. Da in ihrer Familie Vergnügen unter »hinausgeworfenes Geld« rangiert, kommt sie in den Ruf einer Verschwenderin, die sich unwürdig aufführt. »Frau B. amüsiert sich ja jetzt, wie man hört.« Sie schert sich aber nicht um das Urteil ihrer Familie, geht weiter nachts um drei im Städtchen spazieren, wo sie die leeren Straßen ganz für sich allein hat, und fährt sogar einmal in eine größere Stadt – zwei Eisenbahnstunden entfernt –, um ein Pferderennen zu besuchen. Nach zwei Jahren stirbt sie ganz plötzlich. Der Schlusssatz lautet: »Sie hatte die langen Jahre der Knechtschaft und die kurzen Jahre der Freiheit ausgekostet und das Brot des Lebens aufgezehrt bis auf die letzten Brosamen.«

Wenn ich Modell sage, meine ich nicht, wir sollten jemanden kopieren, sondern nur, uns genau die Eigenschaften von Vorbildern auszuleihen, die uns helfen, das Leben auch in seiner späten Phase befriedigend zu gestalten. Gerade die Originale in unserer Familie können uns den Mut geben, unsere eigenständige Lebensweise zu vertreten.

Zu den Kraftquellen dürfen wir auch den Humor zählen. Wenn Sie soeben über die Unwirksamkeit einer neu ausprobierten Antifaltencreme geklagt haben und Ihr Partner zu Ihnen sagt: »Eines ist sicher, auf der Nase wirst du kaum jemals Falten kriegen!«, so macht das die Dinge erträglicher. Echter Humor – im Gegensatz zu Ironie oder Sarkasmus – ist nämlich immer verbunden mit einer menschenfreundlichen Grundeinstellung.

Eine letzte mächtige Kraftquelle ist die Spiritualität, die uns in allem Ungemach ein Gefühl von Aufgehoben- und Geborgensein vermittelt. Ihr ist im zweiten Teil ein eigenes Kapitel gewidmet.

Sich sein Leben zu Eigen machen

Seine Kraftquellen bewusst in Anspruch zu nehmen ist wichtig. Damit sie frei fließen können, braucht es noch etwas anderes. Ich nenne es: »Sich sein Leben zu Eigen machen«. Damit meine ich die Möglichkeit, sich mit sich selber zu versöhnen. Das heißt einerseits, alte Rechnungen – die das Leben meist unerbittlich präsentiert, wenn sie noch offen sind – zu begleichen. Andererseits bedeutet es, sich selber aufrichtig anzuerkennen für alles Gelungene im Leben und Frieden zu schließen mit dem nicht Gelungenen, was jedem Leben anhaftet. Manchen Menschen fällt es leichter, gemachte Fehler einzugestehen, als sich genügend Anerkennung zu geben für das, was sie gut gemacht haben. Bei anderen ist es genau umgekehrt. Es gehört aber beides dazu, um das Gefühl des Ausgesöhntseins mit dem eigenen Leben zu gewinnen.

Wie können wir dieses Ziel erreichen? Indem wir die eigene Unzulänglichkeit, die Fehler, die wir gemacht, alles, was wir uns und andern zugefügt haben, annehmen. Dies nicht im Sinne eines leichtfertigen Sich-selber-doch-nichts-Übelnehmens, sondern im Eingestehen, Bedauern und schließlich Gehenlassen. Das mag vielleicht altmodisch klingen, wirkt aber sehr befreiend, ungefähr so, wie wenn wir einen schweren Koffer abstellen, den wir ständig mitschleppen. Ebenso erleichternd ist das Vergeben und Sich-vergeben-Lassen, wenn es um belastende Dinge in Beziehungen geht, alten gestockten Groll, nie ausgesprochene schwärende Verletzungen. Wo die Schatten zu tief sind, mag vergeben nicht möglich sein. Dann reicht es, das Geschehene ohne Groll stehen zu lassen; um unserer selbst willen, damit wir frei werden von altem Gepäck.

Die alten Rechnungen? Das sind die Auflagen, die wir seit der Kindheit mit uns tragen, die uns als Verhaltensmuster eingefleischt sind und die unser Leben einschränken. Es sind die Fallen, in die wir immer wieder hineintappen, über die wir uns ärgern und von denen wir uns doch immer wieder anziehen lassen. Ich nenne sie alte Rechnungen, weil sie uns stets von neuem zeigen, was uns unser Verhalten kostet. Leider können wir diese Rechnungen nicht einfach zerreißen und in den Papierkorb werfen. Es reicht, achtsam damit umzugehen.

Wenn wir zum Beispiel die Gewohnheit haben, uns unnötig aufzuopfern, tun wir es vielleicht noch zehnmal, aber nicht mehr unzählige Male. Wenn wir uns dauernd Ärger einhandeln, weil wir zu viel Verantwortung für andere übernehmen, halten wir uns vielleicht jedes dritte Mal zurück. Wenn wir uns gewohnheitsmäßig über die unvollkommene Welt aufregen und dies lautstark kundtun, schweigen wir vielleicht ab und zu. Diese alten Rechnungen auszugleichen heißt nicht, sie mit Silvestervorsätzen aus der Welt schaffen oder Vollkommenheit anstreben zu wollen, sondern den Preis senken für das, was uns nicht gut tut.

Die Frage nach dem, was gelungen oder missraten ist, hat nichts mit dem so genannten Bilanzziehen zu tun. Gemeint ist ein nüchternes Überprüfen des eigenen Lebens, um herauszufinden, ob es uns das gebracht hat, was wir einst erhofften. Da wir selbst einen nicht unerheblichen Teil zum Verlauf unseres Lebens beisteuern, liste ich fünf Fragen auf, die bei dem Vorhaben nützlich sein können:

1. Bin ich meiner ursprünglichen Lebensvision gefolgt oder habe ich sie aufgegeben zugunsten anderer Ziele? Bin ich heute zufrieden damit?
2. Welche Maßstäbe habe ich angelegt im Verfolgen meiner Ziele? Was hatte Priorität? (z.B. eine langjährige Beziehung aufrechterhalten, berufliche Kompetenz, materielle Güter erwerben usw.) Will ich diese Maßstäbe beibehalten?
3. Wo war ich unzulänglich oder wo habe ich versagt? Wo waren es Schicksalsschläge, die mich eingeschränkt, meine Bahn umgelenkt haben? (z.B. Krieg, Wirtschaftskrise, Krankheit oder Tod von Nahestehenden)

4. Was haben die »missratenen« Teile meines Lebens mir gebracht? Habe ich dadurch etwas gewonnen, dass mein Leben nicht so geradlinig verlief wie geplant? Was ist es?
5. Kann ich mich mit meiner Unvollkommenheit anfreunden, indem ich mich mit meinen Grenzen versöhne?

Der Prozess einer Lebensüberprüfung in diesem Sinne nimmt Zeit in Anspruch. Wir können dabei mit Dingen in Berührung kommen, die uns zu schaffen machen. Es geht aber nicht darum, im Grübeln über die Vergangenheit zu versinken, noch darum, in Anklagen auszubrechen über das, was uns das Leben angetan hat, sondern um ein reinigendes Sichbefassen mit der eigenen Lebensgeschichte. Wenn wir das ehrlich tun, können wir in der Gegenwart ein neues Gleichgewicht finden. Vieles kommt ins Lot, wenn wir das Geschehene ohne Beschönigung annehmen und zugeben: So war es. Mehr konnte ich nicht tun.

Deshalb habe ich das Wort »nüchtern« gebraucht. Wir müssen vielleicht einige Illusionen über uns und andere aufgeben. Das heißt nicht, dass wir hoffnungslos werden sollen.

Die Nüchternheit bewahrt uns aber vor übertriebenen Ansprüchen an uns selbst und endlosen Schuldgefühlen, weil wir den eigenen Maßstäben nicht genügen können.

Sich sein Leben zu Eigen machen bedeutet, dieses eine, kostbare Leben, das einzige, was wir haben, mit seinen Licht- und Schattenseiten zu schätzen und zu ehren. Oder auch: sich selber anzunehmen und zu lieben, wie man ist, und sich selber immer wieder zu vergeben, wenn man nicht genau so sein kann, wie man gerne wäre.

Ich füge das Ergebnis bei, zu dem eine ältere Frau nach dieser Selbstprüfung kam. Sie entdeckte dabei die wichtigsten Ziele für den Rest ihres Lebens:

»Jeden Tag will ich mir diese Ziele vor Augen halten und auf sie zugehen:

Friede mit mir selbst. Das heißt, ein inneres Gleichgewicht finden zwischen Ängsten, Stress und Vertrauen; nicht hängen bleiben an Groll und Ressentiments. Mich tragen lassen.

Friede mit anderen. Meine Beziehungen klarhalten; nichts anstehen lassen, was trennt. Unterscheiden, wo Klärung möglich ist. Wo nicht, keine Energie darauf verwenden.

Friede mit der Welt. Das heißt, etwas Sinnvolles tun, der Welt etwas geben und etwas von ihr empfangen. Mich als Teil des Ganzen fühlen.«

Die Geschenke des Alters

Was sind denn nun die mehrfach angekündigten Geschenke, welche das Alter für uns bereithält? Davon gibt es eine ganze Menge:

- die Freiheit, weniger zu arbeiten und mehr das zu tun, was uns Freude macht;
- sich die Tage, das ganze Jahr einteilen zu können, wie man möchte;

- dem nachzugehen, wozu wir früher nie kamen;
- sich nicht mehr über einen Chef oder einen Untergebenen ärgern zu müssen;
- die Dinge gelassener zu nehmen, sich nicht mehr um alles zu kümmern;
- sich nicht mehr unnötig beeilen zu müssen;
- Zeit haben fürs Spielen, Müßigsein, für spontane Unternehmungen, sogar für ausgefallene Dinge;
- unabhängiger von den Meinungen anderer zu sein;
- nach eigenen Maßstäben leben zu können, seinen eigenen Stil in der Kleidung, der Lebensweise, der Wahl seiner Freunde pflegen zu können;
- Zeit für Gespräche mit Freunden und Nachbarn zu haben;
- unsere kostbaren Tage mit Achtsamkeit zu leben;
- die Chance, uns zu wandeln und weiterzuwachsen;
- noch unbekannte Dimensionen des Lebens zu entdecken;
- unser Leben in Würde zu vollenden.

Das sieht nach einem verlockenden Gabentisch aus. »Endlich«, werden wir sagen und uns darauf freuen, bereits Jahre vor dem Ausstieg aus dem Berufsleben.

Nur:

- Wie kann ich die Freiheit auskosten, wenn ich in mir selber gefangen bin?
- Wie kann ich tun, was ich will, wenn ich nicht weiß, was ich will?
- Wie kann ich spielen, wenn ich das Spielen verlernt habe?

- Wie kann ich lachen, wenn ich jahrzehntelang gelernt habe, dass das Leben eine ernsthafte Sache ist?
- Wie kann ich spontan sein, wenn ich mein Lebtag geplant und organisiert habe?
- Wie kann ich mir Verrücktheiten erlauben, wenn ich mich dauernd bemüht habe, ein solider Mensch zu sein?
- Wie kann ich auf den Tod zugehen, wenn er mich in Panik versetzt?

Wie wir uns selber mitnehmen in jedes Land, das wir bereisen, nehmen wir uns auch ins Alter mit. Von daher ist es nicht eine selbstverständlich sorglose Zeit des Nicht-mehr-arbeiten-Müssens und nur noch tun, was uns gefällt. Wir müssen merken, wo wir uns selber im Wege stehen und gar nicht annehmen können, was auf dem Gabentisch liegt.

Das heißt, wir können nicht erwarten, dass wir uns im Alter frei fühlen, wenn wir vorher gefangen waren in unseren Vorstellungen und Meinungen, gelassen, wenn uns jede Kleinigkeit ärgert, tolerant, wenn wir ständig kritisieren. Die Gaben des Alters fallen uns nicht einfach in den Schoß. Wenn wir gut damit umgehen wollen, treffen wir auf die Herausforderung, unser Verhalten zu hinterfragen und herauszufinden, wo wir uns selber hindern, die verheißene Freiheit zu genießen. Wenn wir uns darauf einlassen, hie und da etwas anders als bisher mit den Dingen umzugehen, die uns begegnen, haben wir die Chance, uns der Geschenke des Alters zu erfreuen. Lieb gewordene Gewohnheiten müssen wir nicht aufgeben, wir können uns aber fragen: Was brauche ich, um mutiger auf meine eigene Art zu leben? Worauf muss ich achten, damit ich mehr und mehr zu dem Menschen werde, der ich sein möchte? Damit kann ein Heilungsprozess anfangen, der an sich ein weiteres Geschenk ist.

Dabei wird es nicht möglich sein, dieses Ziel sofort zu erreichen. Wahrscheinlich brauchen wir Zeit, um uns daran zu gewöhnen, dass die Gitterstäbe des äußeren Programms nicht mehr da sind. Dann können wir anfangen, die inneren Gitterstäbe weicher zu machen, und uns allmählich erlauben, unsere Glieder freier zu dehnen.

Es ist deshalb günstig, sich eine ganze Weile vorher damit zu beschäftigen, wie wir leben möchten, wenn wir nicht mehr ins Arbeitsleben eingespannt sind. Übergänge brauchen nämlich Zeit. Sie rufen nach einer neuen Form, einem neuen Gleichgewicht, einer neuen Struktur. Dies umso mehr, je einschneidender sie sind. Und der Übergang ins Alter ist einer der einschneidendsten in unserem Leben.

Im Ringen um diesen Übergang versuchen manche Menschen, ihren bisherigen Lebensstil beizubehalten. Sie füllen ihr Leben krampfhaft aus, überhäufen sich weiterhin mit Geschäften, Alltagspflichten und haben das Gefühl, dass sie nie alles unter einen Hut bringen. Oder dass sie wie früher in einem Korsett stecken. Sie erhalten sich so das Gefühl, tüchtig, arbeitsam und brauchbar zu sein, verpassen aber die Umstellung in einen altersgemäßen Lebensrhythmus.

Andere leiden unter dem Gefühl von Leere, Unausgefülltsein, Nicht-mehr-gebraucht-Werden. Der Lebensraum erscheint verdünnt, die Struktur wackelig. Das Gefühl von Langeweile breitet sich aus. Diese Menschen haben Mühe, die Verbindung zu dem, was sie persönlich interessiert, zu finden, wenn ihnen von außen keine Aufgabe mehr vorgeschrieben wird.

Beide Formen, die Übergeschäftigkeit und das Unerfülltsein, deuten darauf hin, dass der Übergang in einen ausgewogenen Altersrhythmus noch nicht gelungen ist. Das Gleichgewicht zwischen Überlastung und Unterforderung herzustellen ist keinesfalls leicht. Das erfahren wir schon in früheren Lebensphasen. Älteren Menschen stellt sich die Aufgabe nochmals auf besondere Weise.

Ein gelungener Spruch sagt zu diesem Thema: Im Alter braucht es die Muße und das Muss. Er deutet auf ein ausgewogenes Verhältnis zwischen dem, was getan werden muss, und dem Freiraum, den man gewonnen hat. Dieses Gleichgewicht lässt sich nie endgültig festlegen. Innerhalb der Altersphase gibt es wieder Übergänge, denen wir uns anpassen müssen. Immer von neuem werden wir vor der Frage stehen: Kann ich dies oder jenes auch lassen? Was ist mir wichtig? Was hat Priorität?

Wir werden jederzeit auch unseren Körper befragen müssen, ob wir ihm nicht zu viel zumuten, ihm genug Ruhe gönnen, damit wir das Körpergefühl erhalten, das unsere Kraftquellen uns verschaffen. Erinnern Sie sich an die Körpersignale, die uns vermitteln, dass wir mit unsern Kraftquellen in Kontakt sind? Wärme, Weite, nicht zu viel und nicht zu wenig Spannung? Wenn wir etwas anderes verspüren, können wir versuchen, zurückzukehren zu dem wohltuenden Körpergefühl. Wir müssen herausfinden, auf welche Weise uns das am besten gelingt: auf einem Spaziergang, in einem Gespräch, in dem wir uns auf etwas einstellen, das uns Freude macht: Lesen, Musik hören, meditieren oder andere Dinge, die unser Wohlbefinden wiederherstellen.

Ein älterer Freund von mir, ein Künstler, den ich nach seinen Erfahrungen mit dem Altwerden fragte, sagte mir: »Du musst Platz machen für dich selber, wie du eine Stube ausräumst, damit du genug Raum für dich hast, um zu sein.«

Das kann aber auch heißen, den Raum zu entrümpeln, überflüssige Möbel, morsche Beziehungen, abgelebte Gewohnheiten auszusondern. Dem Raum zuliebe, den man für sich braucht, und den Kräften entsprechend, die einem bleiben, um ihn zu füllen. Es heißt aber auch, den Lebensraum nicht auf unbekömmliche Weise ausdehnen zu wollen.

Ein anderer Freund, ein amerikanischer Lehrer, meinte im hohen Alter: »Ich erforsche den kleiner gewordenen Raum mit demselben Interesse wie vorher den mit dem größeren Radius.« Die Betonung liegt dabei auf dem Erforschen, der Neugierde für das, was uns zugänglich ist in unserem Umkreis, selbst wenn er sich verkleinern sollte. Erinnern Sie sich an die Idee, eine neue Sprache zu lernen im Alter von siebzig Jahren? Wie wäre es mit Kursen an einer Altersuniversität, dem Intensivieren eines Hobbys, dem Studium eines neuen interessanten Gebietes?

Es gibt ein paar Sätze, die uns die Geschenke des Alters vergiften. Zwei davon hören sich so an: »Dafür ist es zu spät« und: »Es lohnt sich wohl nicht mehr.« Bitte verwenden Sie sie niemals, um Ihre spontanen Impulse zu ersticken!

Sich genügend Raum zu nehmen und neugierig zu bleiben gibt einen guten Kompass ab für ältere Leute. Die gelungene Altersmischung heißt nämlich: alt und lebendig sein. Ein lebendiger Mensch ist wie ein volles Gefäß mit flexiblen Wänden: Wenn die Fülle von innen zu groß wird oder von außen zu viel einströmt, gibt die Hülle nach und dehnt sich aus. So wird die Dichte im Innern reguliert: nicht zu voll und nicht zu leer gibt das Gefühl von Erfülltsein. Im Alter kann beides abnehmen: das Drängen von innen und der Druck von außen. Das Ausmaß der Flexibilität kann sich verringern. Dennoch geht es weiterhin um die Kunst, den Raum im eigenen Gefäß erfüllt zu halten: nicht zu dicht gepackt und nicht zu dünn besiedelt.

Hat das Alter noch ein Ziel? Ich denke ja. Es dürfte darin liegen, in der letzten Lebensphase mehr und mehr zu dem oder der zu werden, als die man gemeint ist. Das heißt, sich immer noch als Werdende zu verstehen, die dem eigenen Lebensgesetz folgend sich entfalten.

Einen Hinweis auf dieses Gesetz des Werdens fand ich im Traum einer 45-Jährigen: »Ich stehe vor dem Spiegel und sehe meine Großmutter. Die Frau im Spiegel hat silbrige Haare, ein weiches Gesicht und trägt eine rosa schimmernde Perlenkette. Sie lächelt mich liebevoll an. Da erkenne ich, dass ich selbst es bin, die mich anschaut, nur in einer viel späteren Lebensphase.«

Die Frau erwachte beglückt. Ihr war eine Vision geschenkt worden, auf welches Ziel hin sie sich entwickeln könnte: zu einer liebenswürdigen, reifen, kostbaren Frau.

In einem Text von Ellie Wiesel ist das Gemeinte ebenfalls enthalten:

»Wenn du stirbst und in den Himmel kommst, wird dich unser Schöpfer nicht fragen: Warum hast du keine Heilbehandlung für diese oder jene Krankheit gefunden? Warum wurdest du nicht der Messias? Die einzige Frage, die uns in jenem kostbaren Moment gestellt wird, lautet: Warum bist du nicht du selber geworden?«[2]

Ein letztes wertvolles Geschenk hält das Alter noch für uns bereit, das wir annehmen sollten. Wenn wir unser Leben so, wie es war, anerkannt und uns einigermaßen mit ihm versöhnt haben, wenn wir das Alter als Herausforderung zum letzten Wachstum begreifen und vielleicht schon in der Nähe des Todes sind, wartet die Gewissheit dessen auf uns, was über uns hinausgeht: der Sinn, der darin liegt, über unseren Tod hinaus etwas weiterzugeben.

George Bernard Shaw drückt es so aus:

»I want to be thoroughly used up when I die ... Life is no brief candle to me. It's a sort of splendid torch which I've got to hold up for the moment and I want to make it burn as brightly as possible before handing it on to future generations.«

»Ich möchte vollkommen aufgezehrt sein, wenn ich sterbe ... Das Leben ist keine schnell niederbrennende Kerze für mich. Es ist eine Art weithin leuchtende Fackel, die eine Weile hochzuhalten mir aufgetragen ist, und ich will sie so hell brennen lassen wie möglich, bevor ich sie zukünftigen Generationen übergebe.«[3]

Teil II

Sieben zentrale Themen des Alters

Stagnieren oder weiterwachsen?

Auf diese Frage werden die meisten Menschen antworten: Selbstverständlich ist wachsen wünschenswerter. Wer möchte schon stagnieren? Nur: Wohin sollen wir denn im Alter noch wachsen?

Dazu zunächst eine provokative Frage: Wozu sollen wir eigentlich alt werden? Sagt nicht ein Sprichwort: »Jung stirbt, wen die Götter lieben«? Stimmt das nicht? Mit den Gaben der Jugend ins Grab zu gehen erspart uns das Hergebenmüssen von vielem, woran uns etwas liegt, was uns wichtig und teuer ist. Prinzessin Diana bewahren wir in strahlender Jugendlichkeit, die kein Altersbild überdecken wird. In düsteren Momenten wünschen sich zwar viele Menschen ein frühes Ende der Mühsal, eine Befreiung von der Lebenslast in der Ruhe des Grabes. Vor einem jäh abgebrochenen jungen Leben stehen wir aber zumeist fassungslos.

Der reale Tod eines jungen Menschen weckt unweigerlich die Frage in uns: »Warum so früh?«. Auf Grabsteinen erscheint dann das Motiv einer gebrochenen Rose, in ihrer Blüte geknickt. Im Text der Todesanzeige findet sich das Wort »früh vollendet«. Es deutet an, dass hier in einer kurzen Zeitspanne etwas erfüllt wurde. Dennoch können wir diese Kürze nicht verstehen. Die Hoffnung auf Er-Füllung eines ganzen Lebens stirbt mit einem solchen Tod. Etwas in uns findet eine längere Lebenszeit richtig, auch wenn wir begriffen haben, dass uns Schicksalsschläge nicht erspart bleiben und wir nicht wolkenlos glücklich sein können.

Wir tragen ein Wissen darum in uns, dass die Gestalt menschlichen Lebens Jahrzehnte braucht, um sich zu schließen oder ganz zu werden. Dieses Ganzwerden hängt mit dem inneren Bild eines vollendeten Zyklus zusammen, der von der Knospe über die Blütezeit und verschiedene Reifestadien zur voll ausgereiften Frucht führt. Wir werden nicht ergründen, warum viele Leben diesen Zyklus nicht zu Ende bringen können. Aber die Antwort auf die Frage »Wozu alt werden?« ergibt sich aus diesem immanenten Wissen um unsere Lebensgestalt. Eine Kollegin[4] von mir hat den Satz geprägt: »Wachstum kennt keine Pensionierung«. Dieser Satz weist auf die in uns angelegte Absicht hin, weiter zu wachsen, über die künstlich gesetzte Grenze des Rentenalters hinaus, auch in der letzten Phase unseres Lebens. In dieser Phase haben wir auch verstanden, dass Wachstum sich verändern heißt. Das ist unausweichlich mit Schmerzen verbunden, aber auch mit dem Gefühl, unsere Bestimmung zu erfüllen.

Damit sind wir nochmals bei der Frage angelangt, wohin der Kompass denn zeigt, der unserem Wachstum im Alter Richtung gibt. Das ist in der Tat die spannendste und interessanteste, ja, die entscheidende Frage. Sie ist eine prinzipiell andere als die oft gehörte: »Was soll ich noch tun im Alter?«. Von der Antwort, die wir uns auf diese Frage geben, hängt es ab, ob wir uns als Reduziertwerdende, Abgebaute definieren oder als Zunehmende, Weiterwachsende.

Mein eigenes Bild von Wachstum machte sich jahrelang an der Tanne fest, die vor meinem Fenster wächst. Jedes Jahr bildet sie an ihren Ästen neue Schößlinge aus, die wie kleine Finger nach oben weisen. Sie bewegt sich meistens ein wenig, manchmal kaum wahrnehmbar. Es gibt auch Zeiten, in denen sie reglos ihre Arme der Sonne entgegenbreitet. Wenn der Sturm sie schüttelt, wiegt sie sich mit ihm und bleibt doch fest verwurzelt in der Erde. Ich wünschte mir oft, so fraglos wie die Tanne zu wachsen und dem, was mir begegnet, biegsam standzuhalten, ohne mich unnötig zu widersetzen.

Dieses Bild des ungebrochenen vegetativen Wachstums können wir auf das Alterswachstum nicht anwenden. Ein anderes passt wahrscheinlich besser. Stellen Sie sich ein Polaroid-Foto vor: Es verlässt den Schoß des Apparates, schattenhaft erscheinen Umrisse einer Form, die allmählich deutlicher werden, bis sie feste Konturen gewinnen. Farben tauchen auf, Flächen grenzen sich gegeneinander ab, differenzieren sich immer mehr, bis wir das ganze Bild klar erkennen. Ähnlich durchlaufen wir während unserer Lebenszeit die Stadien vom Ungeformten bis hin zur deutlich erkennbaren Gestalt. Die Gestalten gehen ineinander über, differenzieren sich, heben sich voneinander ab. Was wir brauchen, ist ein inneres Zeugesein unseres Wachstums und unserer Veränderung, sonst werden wir ihrer nicht gewahr. Sie vollzieht sich manchmal in winzigen Schritten, scheinbar bleibt sich alles gleich, aber die innere Zeugin sagt: »Nein, da ist etwas anders geworden. Du bist nicht gleich geblieben.« Dass wir dabei nicht im Kern andere werden, bringt der Titel eines Gedichts von Wolf Biermann auf die Formel »Nur wer sich verändert, bleibt sich selber treu«.

Wachstum im Alter bedeutet also nicht zunehmen an Größe, Länge und Breite, sondern zunehmen an Tiefe. Das bedeutet: differenzieren, genauer werden. Es ist ein Wachsen zu sich selber hin, ein Weiterentwickeln des Eigenen, ganz Persönlichen, Unverwechselbaren. Bei Proust findet sich der Gedanke, dass alles, was wir in der Außenwelt gesucht haben, nur in uns selbst zu finden ist. Wir brauchen deshalb unsere letzten Jahre nicht im Korkzimmer zu verbringen. Aber die Fragen »Wer bin ich letztendlich?«, »Als wer bin ich gemeint?«, »Und zu wem werde ich noch? Wer will noch aus mir herauswachsen?« bringen uns auf die Fährte des in uns verborgenen Potentials, der schlummernden Möglichkeiten, der Figuren, die auf ihre Realisierung in uns warten. Mit anderen Worten: Was wir im Alter entwickeln können, ist eine immer feinere, bewusstere Beziehung zu uns selber, zu allen Teilen, denen, die wir bereits entwickelt haben, und denen, die noch erscheinen möchten. Man könnte es auch das Einswerden mit sich selbst, mit allem, was wir sind, nennen.

Morrie Schwartz, der alte Professor aus dem Buch *Dienstags bei Morrie* von Mitch Album, beschreibt diese vielfältige Gleichzeitigkeit so:

»Die Wahrheit ist: Ein Teil von mir ist in jedem Alter. Ich bin ein Dreijähriger, ich bin ein Fünfjähriger, ich bin ein Siebenunddreißigjähriger. Ich bin ein Fünfzigjähriger. Ich habe alle diese Altersstufen durchlebt, und ich weiß, wie das ist. Ich genieße es, ein Kind zu sein, wenn es angemessen ist, ein Kind zu sein. Ich genieße es, ein weiser alter Mann zu sein, wenn es angemessen ist, ein weiser alter Mann zu sein. Stell dir vor, was ich alles sein kann! Ich bin in jedem Alter zugleich, einschließlich meines eigenen.«

Dieser Fächer von Möglichkeiten, sich selber näher zu kommen, den Kern des Eigensten, Persönlichsten zu entdecken, bildet den wachsenden Reichtum im Alter. Es ist ein Reichtum der Vielschichtigkeit, des verästelten Selbstgewahrseins. Von daher erwächst uns auch die Sicherheit, auszuwählen, was zu uns passt, das Gefühl: Das ist richtig für mich. Wir werden unabhängiger von Normen und gesellschaftlichen Regeln. Wartende Gestaltungsmöglichkeiten in uns haben denn auch öfter mit eigenwilligen, manchmal mythischen Figuren zu tun, die es zu entdecken gilt. Der Kontakt mit ihnen kann uns unerwartete Kraft verleihen.

Dazu ein Beispiel: Eine annähernd siebzigjährige Klientin erzählte mir einen Traum, in welchem sie auf einem Schiff am Bug stand und aufs Meer hinausschaute. Ich bat sie, diese Gestalt zu verkörpern. Sie richtete sich auf, schien zu wachsen und bekam ein kämpferisches Aussehen. Ihr Blick war zielbewusst und scharf, nicht träumerisch ins Weite gerichtet, wie ich innerlich erwartet hatte. Die Qualität einer zielstrebigen, kampfbereiten Frau war mir bei ihr nur selten entgegengetreten. Ich bat sie, dieser Frau einen Namen zu geben. Ohne Zögern sagte sie: »Das ist eine Walküre.« Sie verband damit Eigenschaften wie kraftvoll, angriffslustig, zu Auseinandersetzungen bereit. Unter einer Walküre verstehen wir im allgemeinen Sprachgebrauch eine robuste, starke Person. Die Walküre gehört jedoch ursprünglich in den Sagenkreis der germanischen Götter und ist eine Kampfjungfrau, welche die gefallenen Krieger nach Walhall, der Götterburg geleitet. Meine Klientin war eine zierliche Frau, von außen gesehen keinesfalls eine »Walküre«. Der Traum vermittelte ihr den Kontakt zu der ihr innewohnenden Kraft einer Kriegerin. Zugleich schwang die Qualität einer inneren Stärke mit, welche die Seele von Toten begleiten kann.

Diese Qualität entspricht dem Alter. Ich verstand, warum der Traum nicht Artemis, die Göttin der Jagd, oder eine Amazone, eine kämpferische Jungfrau, dargestellt hatte.

Die Verkörperung der in ihr schlummernden Walküre, in welcher sie buchstäblich über sich selbst hinauswuchs, befähigte meine Klientin, Situationen im Alltag standzuhalten, in denen sie bisher mutlos in sich zusammengesunken war. Sie konnte sich selbst und ihre Anliegen besser vertreten, sobald sie sich an die Walküre erinnerte und die entsprechende Körperhaltung einnahm. Als einen besonderen Erfolg verbuchte sie, dass sie es wagte, in einem öffentlichen Verkehrsmittel Jugendliche anzusprechen, die ihre Füße mitsamt den Schuhen auf die Sitzpolster gelegt hatten. Sie konnte sie dazu bewegen, die Füße auf den Boden zu stellen, ohne dass sie als nörglerische alte Frau bezeichnet wurde. Auch auf junge Menschen macht eine Walküre Eindruck!

Bitte schließen Sie aus diesem Beispiel nicht, dass es eine Therapie braucht, um das Weiterwachsen im Alter zu erfahren. Wenn wir uns selber als Wachsende definieren und nicht als solche, die endgültig wissen, wer sie sind und was es mit dem Leben auf sich hat, bleiben wir offen für das, was sich immer noch entfalten will in uns. Vielleicht ist es die Neugierige, der Genießer, die Mutige, der für das Wunderbare im Alltag Offene, die für die Anliegen Benachteiligter Engagierte, der Mehr-in-sich-Ruhende, die Aufbegehrende, der Sanfte, die Singende, der Intuitive ... Was neu auftaucht im Alter, beispielsweise als Traumfigur, die uns Kraft gibt, können wir in unser Leben integrieren. Unsere Persönlichkeit wird damit ganzer und gewinnt die klaren Konturen eines zu Ende entwickelten Bildes.

Wie viel Zeit habe ich noch?

Wer sich vertraut gemacht hat mit der Endlichkeit des eigenen Lebens, weiß um die Kostbarkeit der verbleibenden Zeitspanne. Umso kostbarer, als wir nicht wissen, wie lange sie noch währt. Die Frage »Wie viel Zeit bleibt mir noch?« kann uns schlagartig überfallen. Eine Mittfünfzigerin beschreibt diesen Moment in ihrem Leben:

»Ich mache einen Spaziergang. In einem Garten sehe ich die gelben Raketen eines Forsythienstrauches in den blauen Himmel aufsteigen; leise schwanken sie im Wind.

Ich bleibe stehen. Jedes Frühjahr entzückt mich dieser Blütenjubel von neuem, Jahr für Jahr. Wie Lichtbilder sind die Eindrücke aufeinander geschichtet in mir. Sie geben mir das bewegende Signal: Jetzt ist der Frühling da! Heute mischt sich eine beunruhigende Frage in das Frühlingsglück: Wie viele Jahre wirst du sie noch sehen, die Forsythien? Wie oft noch ein solches Frühjahr erleben? Du selber stehst ja im Herbst deines Lebens.«

Die Ahnung unserer Endlichkeit mag schon früh im Leben auftauchen. Bei Herrmann Hesse klingt sie bereits in den frühen Gedichten des Zwanzigjährigen an. Später, als über Vierzigjähriger, weist er sie wieder von sich weg, verlegt das Ende in die Zukunft:

»Und zuletzt ein sanfter Tod – aber später, noch nicht heute.«[5]

Zu den Vierzigjährigen gehört das Gefühl: Ich habe noch reichlich Zeit! Zwischen fünfzig und sechzig verdichtet sich die Ahnung von der bemessenen Zeit zur Gewissheit. Zunächst verunsichert uns das. Nicht alle Menschen haben die Überzeugung eines Luthers, der sein Apfelbäumchen fertig einpflanzen wollte, gerade im Wissen, dass seine Zeit um wäre.

Gottfried Benn[6] kommentiert Luthers Einstellung so:

Was meinte Luther mit dem Apfelbaum?

Mir ist es gleich – auch Untergang ist Traum –
ich stehe hier in meinem Apfelgarten
und kann den Untergang getrost erwarten –
ich bin in Gott, der ausserhalb der Welt
noch manchen Trumpf in seinem Skatblatt hält –
wenn morgen früh die Welt zu Bruche geht,
ich bleibe ewig sein und sternestet –

meinte er das, der alte Biedermann
und blickt noch einmal seine Käte an?
und trinkt noch einmal einen Humpen Bier
und schläft, bis es beginnt – frühmorgens vier?
Dann war er wirklich ein sehr grosser Mann,
den man auch heute nur bewundern kann.

Dass wir auf einen Schlag diese Gelassenheit gegenüber unserer verrinnenden Lebenszeit aufbringen, ist eher unwahrscheinlich. Viel wahrscheinlicher ist, dass wir unruhig werden und zuweilen in Panik geraten bei dem Gedanken: Mir bleibt nicht mehr genug Zeit! Ich wollte doch noch dies und jenes tun! Gelassen den Spaten weiterführen würde bedeuten, dass wir das, was wir gerade tun, für das Nützlichste und Beste halten und so gelebt haben, dass nichts offen geblieben ist von dem, was wirklich wichtig war. Aber wer von uns hat dieses Lebensgefühl?

Wir sind meistens nicht in der Zeit Ruhende, sondern von ihr Gejagte. Es lohnt sich, im Alter unser Verhältnis zur Zeit neu zu überdenken. Die Erfahrung von Zeit verändert sich im Laufe unseres Lebens. Wie lange dauert ein Jahr in der Kindheit! Der Sommer scheint ewig zu währen; die Zeit bis Weihnachten nicht zu vergehen. Im Alter dagegen verfliegen die Jahre so schnell, wie man die Seiten eines Buches umblättert. Scheinbar wird die Zeit schneller und verkürzt sich dadurch.

Das hängt mit unserer Geschäftigkeit zusammen. Der Tag hat gleichmäßig viele Stunden. Je mehr Tagewerk in diesen Stunden erledigt werden muss, umso gedrängter wird der Stundenplan, umso stärker dann auch das innere Unbehagen: Wie, schon vier Uhr? Und ich wollte doch noch ... So entsteht das Gefühl, keine Zeit oder nicht genug Zeit zu haben. Der Zeitkoffer ist zu klein, das Hineingepackte zu viel. Es ist die Programm-Zeit, die unser Leben – zumindest in der westlichen Welt – spätestens vom Schulalter an bestimmt. Ein Fächer von Stunden, für dies und jenes bestimmt. Mit Pausen dazwischen, auch diese bemessen. Später die Arbeitszeit im Beruf, auch nach Stunden gemessen, die unterschiedlich ausgefüllt sind. Danach die Frei-Zeit, eine bestimmte zur Verfügung stehende Zeit, in der man sich vergnügen kann. Und einmal im Jahr die Ferien-Zeit, die große Pause, die für das Jahresprogramm entschädigen soll. Auch sie oft beladen mit dem Vorhaben, möglichst viel hineinzupacken, um alles aufzuholen, was im Alltag zu kurz kommt.

Was dabei allmählich verloren geht, ist das Gefühl, wann es Zeit ist wofür. Ein Baby im Mutterleib sendet hormonelle Signale aus, wenn es reif ist, geboren zu werden. Der mütterliche Organismus antwortet darauf mit Kontraktionen der Gebärmutter. Das Kind weiß, wann es Zeit ist, auf die Welt zu kommen.

Auch der Großvater einer Freundin von mir, der an seinem letzten Abend seinen Kittel an einen armen Mann verschenkte und der protestierenden Großmutter antwortete: »Den brauche ich nicht mehr!«, wusste tief innen, dass er den Morgen nicht mehr erleben würde.

Es geht darum, dieses Gefühl von Zeit wieder zu gewinnen. Wenn wir von neuem damit in Kontakt kommen, können wir gelassen den Spaten heben, wenn es wirklich Zeit zum Bäumepflanzen ist. Wir verpassen dann nichts anderes, weil dieses Tun in diesem Moment genau das Richtige ist. Wir kennen alle das befriedigende Gefühl, wenn wir etwas gemacht haben, das uns zutiefst wichtig ist. Die Zeit mag dabei auch schnell vergehen, aber wir haben danach kein Gefühl, dass wir sie gehetzt durcheilten und nicht wissen, wo sie geblieben ist. Wir fühlen uns vielleicht müde, aber erfüllt. Diese Qualität von »erfüllter Zeit« können wir der schwindenden Zeit im Alter entgegensetzen.

Die Verbindung aufnehmen mit dem Gefühl »Wofür es jetzt Zeit ist« bringt uns zurück in unseren eigenen Rhythmus. Es ist das Privileg des Alters, das Leben nach diesem eigenen Rhythmus gestalten zu können. Das beginnt im Alltag mit den Zeiten für aufstehen, schlafen oder wachen, essen, aktiv sein oder ausruhen. Sofern wir uns lassen, pendelt sich mit der Zeit ein Rhythmus ein, der eine bestimmte Schwingung hat, die von Tag zu Tag etwas anders sein mag. Es ist kein Taktfahrplan, der eingehalten werden muss. Lerchen werden sich früher erheben als Eulen, Elefanten mehr essen müssen als Grasmücken, Nilpferde träger sein als Kletteräffchen. Im eigenen Rhythmus leben heißt im Einklang mit den eigenen Bedürfnissen im vorhandenen Zeitrahmen pulsieren.

Nur: Wie finden wir dahin? Die meisten von uns leben ein Leben, das Anpassung verlangt an Stundenpläne, die nicht unsere eigenen sind, sei es als Berufstätige, als Familienfrauen und Mütter/Väter. Neulich habe ich einen Sketch gesehen, der einen Menschen als Kind in einem Käfig zeigt: Er kriecht darin herum. Im zweiten Bild ist er erwachsen und muss sich im Käfig bücken. Im dritten ist der Käfig weg – der Mensch steht gleichwohl gebückt da. So ähnlich können wir uns nach vermeintlichen Einschränkungen richten, selbst wenn sie nicht mehr existieren.

So erzählte mir eine Bekannte, dass sie jeden Abend nach Hause geeilt sei, um ja rechtzeitig das Abendessen für ihren Mann zubereiten zu können. Eines Tages nahm sie sich Zeit, um gemütlich heimzugehen. Und siehe da, ihr Mann schätzte die dadurch entstandene Verschnaufpause nach seinem eigenen Arbeitstag.

Es ist nicht leicht zu erkennen, dass wir selbst es sind, die den Käfig aufrechterhalten. Das hat mit unserem veränderten Selbstverständnis zu tun. Wer sind wir denn als Nicht-Eilige, Nicht-Versorgende, Nicht-Geschäftige? Oft taucht sogar im Alter eine mahnende Stimme aus der Kindheit auf: »Sitz nicht so untätig herum! Tu was Gescheites!« Wir fühlen uns dann wie der kleine Osterhase auf der Couch des Analytikers, der auf die Frage, seit wann er sich denn unnütz, alt und zu nichts mehr zu gebrauchen fühle, prompt antwortete: Exakt seit Osterdienstag!

Für den Übergang zu einem Leben im eigenen Rhythmus sollten wir uns immer mal wieder fragen: In welchem Programm stecke ich eigentlich? In dem der perfekten Hausfrau, der besorgten Mutter, des verantwortungsvollen Berufsmannes, des stets gefälligen Freundes, des Schaffers, der seinen Wert aus dem Machen bezieht, der Überlasteten, die sich nur wohl fühlt, wenn sie fast zusammenbricht? Und möchte ich darin für den Rest meines Lebens bleiben?

Das Käfiggefühl lässt sich nicht einfach abstreifen, aber die Gitterstäbe können weicher werden, indem wir dem Programm bewusst zuwiderhandeln. Also: Sich Zeit nehmen für einen Schwatz, die nötigen Arbeiten verteilen auf verschiedene Tage, langsam die Treppe hinaufgehen, sich setzen, wenn man müde ist. Es gibt da eine Falle: Wenn ich alles, was mich stört, dem Alter zuschiebe, mir zum Beispiel sage: »Oje, ich bin müde, das heißt, ich werde alt«, dann mache ich es mir unnötig schwer, aus dem Programm von früher auszusteigen. Ich muss dann immer beweisen, dass ich noch nicht so alt bin, und fahre fort, mich anzutreiben und mir keine Zeit für mich selbst zu gönnen.

Übergänge brauchen Zeit. Eine Bekannte von mir machte nach der Pensionierung zunächst »gar nichts«. Sie war bekannt als aktive, betriebsame Frau. Niemand konnte sich ihr Nichtstun erklären. Sie hatte doch tausend Pläne gehabt! Bei einem Besuch gestand sie mir, sie hätte Wochen gebraucht, um dieses Gefühl von »Ich muss doch« loszuwerden. Allerdings sei sie sich wie aus der Zeit gefallen vorgekommen, bis sich allmählich der Gedanke einstellen konnte: Was will ich eigentlich?

In der Zeit des Überganges schrieb sie ein kleines Gedicht:

Erwachend hör ich
das Rattern der Stadt und weiß:
Ich muss nicht rattern

Um ein neues Konzept einzuüben, eignet sich das folgende Morgenritual:

Geben Sie sich nach dem Erwachen Zeit, sich vom Schlaf zu verabschieden und in den Wachzustand zu kommen. Spüren Sie Ihren Körper, nehmen Sie ein paar tiefe Atemzüge und sagen Sie zu sich selbst:

Dies ist ein neuer Tag. Er gehört mir und ich begrüße ihn. Was kann ich tun, um ihn zu einem erfüllten zu machen?

Merken Sie sich, was Ihnen dazu einfällt. Nehmen Sie sich am Abend Zeit, um zu überprüfen, ob Sie den Gedanken vom Morgen in die Tat umgesetzt haben.

Kaum ein Tag, an dem sich ein erfüllender Moment an den andern reiht. Auch im Alter müssen wir Zeit aufwenden für Dinge, die uns lästig sind, uns mit Sachen beschäftigen, die uns ärgern oder langweilen. Deshalb lohnt sich das Nachforschen am Abend, wo die erfüllenden Momente im Heute waren. Manchmal genügt ein einziger, um den Tag zu erhellen. Wir dürfen ihn nur nicht entschlüpfen und untergehen lassen, sonst bleibt nur das Gefühl eines unbefriedigenden Tages zurück. Auch da müssen wir vielleicht ein altes Programm durchbrechen: Wenn wir gewohnt sind, die unangenehmen Dinge stärker zu gewichten, oder unbesehen mit dem Nachklang einer lästigen Tätigkeit zu Bett gehen, verpassen wir die kostbaren Momente und können sie nicht aufbewahren. Nochmals: Die abendliche Nachlese und das Mitnehmen eines erfüllten Moments in den Traum seien wärmstens empfohlen!

Es gibt eine weitere Kategorie von Momenten, die sich

eignen, unsere innere Schatzkammer zu füllen: Das sind die zeit-losen.

In einem Märchen fragt der König ein Hirtenbüblein: »Wie viel Sekunden hat die Ewigkeit?« Das Büblein antwortet: »In Hinterpommern liegt der Diamantberg, der hat eine Stunde in die Höhe, eine Stunde in die Breite und eine Stunde in die Tiefe; dahin kommt alle hundert Jahr ein Vögelein und wetzt sein Schnäbelein daran, und wenn der ganze Berg abgewetzt ist, dann ist die erste Sekunde von der Ewigkeit vorbei.«[7] So klug das Büblein war und so gut es der König für seine gelungene Antwort belohnte: Der Charakter der Ewigkeit ist damit nicht erfasst. Sie lässt sich nicht mit Zeitangaben wie »unendlich lange« bemessen. Die Ewigkeit steht im Gegensatz zur Zeit und ist ihrem Wesen nach zeit-los.

Obwohl wir in der Zeit lebende Wesen sind, können wir doch Momente erfahren, in denen wir aus der Zeit herausgehoben sind. In solchen Momenten hört die Zeit auf zu existieren; wir können nicht sagen, wie lange die Erfahrung gedauert hat. Es sind Momente von höchster Präsenz und Verbindung mit unserem Tiefsten und Höchsten. Sie werden uns zuteil, wir können sie im Allgemeinen nicht herstellen. Wir können aber die Erinnerung an sie als unsere kostbarsten Perlen aufbewahren.

Praktisch kann das so aussehen: Wir reservieren uns eine bestimmte Zeit – am besten regelmäßig, weil sich über das Wiederholen eine Gewohnheit bildet – und lassen uns wie eine Biene auf einer duftenden Blume auf einer Erinnerung an einen wohltuenden oder glückseligen Moment unseres Lebens nieder. Vielleicht liegt er lange zurück, vielleicht haben wir ihn am selben Tag erlebt. Wichtig ist, dass wir uns dankbar daran erinnern, und ohne Bedauern, dass er vergangen ist. Diese Glücksmomente – ein inniges Zusammensein, ein vertrautes Gespräch, ein Landschaftsbild, ein Konzert, eine gelungene Arbeit – gehören zur erfüllten Zeit unseres Lebens. Ihr Glanz ist wichtig, nicht ihre Dauer. Während wir uns an sie erinnern, können wir darauf achten, wie wir uns dabei im Körper fühlen. Wir können die Bilder der Erinnerung deutlicher werden lassen, ebenso die Klänge oder die gesprochenen Worte. So bekommen wir einen vollständigen Eindruck in der Gegenwart, den wir über die Sinnesempfindungen auch wieder abrufen können. Indem wir uns die Bilder, die Körperempfindung, die Höreindrücke vergegenwärtigen, kann sich das Gefühl von Erfülltsein wieder einstellen.

Diese Übung nenne ich das »Sammeln von erfüllter Zeit«. Sie hilft uns, ein Gleichgewicht herzustellen gegen die Momente von Leere, Langeweile und Verdruss, von denen wir auch im Alter nicht verschont sind.

An dieser Stelle möchte ich eine Geschichte einfügen, welche die Qualität von Lebenszeit, also die »erfüllte Zeit«, illustriert:

»Ein Reisender, der die Welt kennen lernen wollte, kam auf seinem Weg in ein kleines Städtchen, welches ihm gefiel. Er stieg ab, nahm Quartier und machte einen Rundgang durch die Gassen. Dann ging er durchs Stadttor hinaus und kam auf den Friedhof.

Er wanderte den Grabsteinen entlang und bückte sich, um die Inschriften zu lesen. Unter dem ersten Namen stand die Zahl zwei. ›Auch Kinder müssen hier sterben‹, seufzte er und schritt weiter. Auf dem nächsten Stein stand die Zahl sechzig. ›Hier werden wohl Alte und Junge nebeneinander begraben‹, meinte unser Freund. Danach kam aber die Zahl 210, darauf 326 und zuletzt gar 2004. Der Reisende stutzte: ›Das kann doch nicht sein, kein Mensch wird über tausend Jahre alt!‹

Da kam ihm ein alter Mann entgegen, der Friedhofsgärtner. ›Guter Mann, ich sehe hier Zahlen auf den Grabsteinen, unter hundert, über hundert, bis zweitausend und mehr. Was bedeutet das? Es können doch nicht die Lebensjahre der Menschen sein‹, wandte sich der Fremde an den Alten. ›Allerdings nicht‹, antwortete dieser, ›wir zählen hier nicht die Lebensjahre. Wir zählen die Stunden, die ein Mensch wirklich gelebt hat.‹ «[8]

Um der Zeit den Charakter des schnell Verrinnenden zu nehmen, gibt es eine weitere Möglichkeit: sie zu dehnen. Ich nenne es: die »Er-Findung« der Zeit.

Dazu eine Erfahrung in den Worten einer 67-Jährigen:

»Heute lag ich in der Liegehalle des Thermalbades und schaute durch die Glaswände in den Himmel. Ich ließ mich ganz hineinsinken in das weiche Blau, bis ich das Gefühl hatte, von Seide umhüllt und getragen zu sein ... Versinken und Bleiben in der zeitlosen Wiege. Ja, ich werde zurückkommen müssen, ich werde wieder einsteigen in mein Tagesprogramm, ich werde diesen Moment vergessen – aber ich kann den Übergang wieder machen in den zeit-losen Moment, so häufig wie möglich, und ich kann mich daran erinnern, in meinen Knochen, meinen Gefäßen, meinem Gehirn. Das ist wie eine

Schatztruhe füllen mit seinsversunkenen Momenten, in deren Pfühlen sich gut ruhen lässt.«

Im Gegensatz zum Er-Innern von erfüllenden Momenten handelt es sich hier um eine Übung, im gegenwärtigen Moment erfüllt zu sein, sich ihm hinzugeben und ihn voll wahrzunehmen. Wir brauchen dazu nicht in Ferienstimmung oder an einem besonders ruhigen Ort zu sein, wie das Beispiel uns vielleicht glauben macht. Wenn wir aber aufgeregt oder besorgt sind, machen wir die Übung besser nicht im Liegen oder Sitzen, sondern im Gehen. Wir konzentrieren uns dann auf das Wahrnehmen unserer Bewegung, spüren den Kontakt zum Boden unter unseren Füßen und den Fluss unseres Atems. Vielleicht müssen wir am Anfang unser Tempo etwas beschleunigen, um aus dem vorigen Gefühlszustand herauszukommen. Allmählich wird es uns aber gelingen, uns zu verlangsamen und uns selbst, unsere Bewegung und unsere Umgebung wahrzunehmen.

Noch etwas wäre zum Zeitempfinden im Alter zu sagen: Der Bezug zur Vergangenheit und zur Zukunft ändert sich. Das berühmte »im Hier und Jetzt leben«, was nichts anderes bedeutet, als bewusst auf der Grenze zwischen dem vergehenden Moment und dem kommenden zu existieren, ohne den Bezug zu beiden zu verlieren, nimmt eine andere Qualität an. Wären wir Götter, wir könnten beliebig in der Zeit vor- und zurückwandeln. Als Sterbliche können wir nur Streifzüge in die Vergangenheit unternehmen und die Zukunft auf uns zukommen lassen. Solange wir das Gefühl haben, dass noch viel Zeit vor uns liegt, können wir Wellenreitern gleich auf dem Kamm des Moments balancieren. Im Alter haben Vergangenheit, Gegenwart und Zukunft eine andere Bedeutung. Dazu der Bericht eines 76-Jährigen:

»Gegen Ende des Lebens fühlt sich Gegenwart anders an. Früher füllte sie das Leben aus, widersetzte sich mir ungebärdig, ließ keinen Platz für Zukünftiges, außer für Pläne. Die Vergangenheit leckte mit ihrer dunklen Zunge ab und zu herein in den Raum der Gegenwart, aber diese verscheuchte sie immer wieder. Nun liegt die Vergangenheit wie ein träger Lindwurm zurück, manchmal zuckt sie noch ein bisschen. Das Kleid der Gegenwart ist löcherig geworden, sie deckt den Raum nicht mehr ganz. Aber was schaut durch die Löcher herein? Etwas Dunkles oder etwas Helles? Die Zukunft besteht nicht mehr aus Plänen, die am fernen Horizont liegen. Dort steht jetzt der Tod, und der Horizont rückt immer näher. Die Zukunft ist der Abschluss.«

Nicht alle mögen das so empfinden. Man kann im Alter auch rückwärts gewendet leben, die Vergangenheit vergolden, die Zukunft wegschieben oder mit Bangen an sie denken.

Aber auch wenn wir unsere Zeit sinnvoll verbringen, »erfüllte Zeit« sammeln, uns mit unserer Vergangenheit versöhnt haben: In der Zukunft wartet das Ende unserer Lebenszeit auf uns. Machen wir es im Moment wie Hermann Hesse und sagen »Aber später, noch nicht heute«, und wenden wir unsern Blick erst in einem späteren Kapitel dorthin.

Vom richtigen Gebrauch der Zeit

Ich habe dich
heute morgen
nicht zum Bahnhof begleitet
ich hatte so viel zu tun
und brauchte sie dringend
die halbe Stunde

Doch kaum warst du weg
saß ich da
und war
eine ganze Stunde lang
traurig.

Franz Hohler[9]

Das Brennen meiner Glieder

Die Beziehung zum Körper

Ein Kind mit gesunden Gliedern kann springen, tanzen, hüpfen, kennt keine Schmerzen und wächst unaufhaltsam heran.

Im Alter sieht unsere Körperlichkeit anders aus. Wir haben Jahrzehnte hinter uns, in denen der Körper dem Leben standhalten musste. Wir haben Kinder getragen und geboren, haben gearbeitet und Höchstleistungen im

Beruf erbracht, sind durch Krankheiten gegangen: Immer war der Körper gefordert, öfters auch überfordert. Den großen Übergang, die Abrundung unserer biologisch fruchtbaren Phase, haben wir als Frauen bestanden. Als Männer haben wir ebenfalls eine Umstellung durchgemacht, wenn auch eine etwas weniger auffällige.

In der Lebensphase, in der wir jetzt sind, erhebt sich eher die Frage, ob wir unsere Glieder schmerzfrei bewegen können, ob wir eine Treppe nur schwer atmend erklimmen oder uns mühsam am Stock fortbewegen. Die Einschränkungen müssen nicht massiv sein, dennoch haben wir kaum mehr das Körpergefühl des springenden, tanzenden Kindes.

Eine über siebzigjährige Frau beschreibt ihre Erfahrung so:

»Neulich sah ich eine Eisrevue. Es war ein Traum von einer Eisrevue mit Weltbesten im Eiskunstlauf. Einzeln, zu Paaren, in Gruppen, sich ständig überbietend in ihren Sprüngen und Figuren, den eleganten Schrittkombinationen, den schwerelosen Bogen, durchmaßen sie das Stadion laufend, tanzend, wirbelnd; leicht und sicher, sogar beim clownesken Hinfallen.

Ich schaute begeistert zu, klatschte, und merkte doch, wie eine Wehmut in mir aufkam, die immer mehr überhand nahm. War es die Wehmut der Erinnerung, weil ich als junge Frau eifrig Eislaufen geübt hatte? Kaum, denn ich stand auch später noch mit Vergnügen auf den Schlittschuhen. Nein, es war das untrügliche Gefühl, dass meine Knochen brüchiger geworden, meine Gelenke nicht mehr so biegsam sind und mein Körper weniger kraftvoll. Ich hätte sogar Angst, mich auf dem Eis zu bewegen. Eine Schramme, ein Loch in der glatten Fläche könnte mich zu Fall bringen ... Die Wehmut galt eindeutig meinem alternden Körper, den Einschränkungen, welche die Zeit mir auferlegt, der verlorenen Elastizität und dem nicht mehr begründeten Vertrauen in die eigene physische Kraft.«

Erfahrungen wie die beschriebene machen uns klar, dass wir im Alter mit Körperprozessen rechnen müssen, die uns einschränken. Ein älterer Freund sagte einmal scherzhaft zu mir: »Wenn du eines Tages aufwachst ohne Schmerzen, dann weißt du, dass du tot bist.«

Chronische Schmerzen müssen sicher nicht Begleiterscheinungen des Alters sein, ebenso wenig wie überaus schwere Krankheiten. Wenn sie uns oder unsere Partner treffen, erfordert dies eine ganz spezielle Haltung der Betroffenen wie der Pflegenden, um damit leben zu können. Mittlerweile gibt es literarische Beschreibungen von solchen Pflegebegleitungen[10], die zeigen, wie viel Mut, Liebe und Aufopferung dafür nötig sind.

Die Frage nach unserer physischen Gesundheit steht auf jeden Fall im Vordergrund, wenn wir alt sind. Mit kleineren Gebrechen können wir umgehen, je nach unserer Einstellung nehmen wir sie nicht so ernst, oder wir bleiben daran hängen und nehmen sie zum Anlass, um darüber zu klagen. Es ist bekannt, dass ähnliche Schmerzen subjektiv ganz verschieden empfunden werden. Da haben wir also eine Wahl, wie weit wir uns durch lässliche Beschwerden beeinträchtigen lassen oder nicht. Ebenso ist hinlänglich bekannt, wie wir unserer Gesundheit Sorge tragen können durch vielseitige Ernährung, die alle wesentlichen Vitamine und Spurenelemente enthält, durch ausreichende tägliche Bewegung, genügend Schlaf und Ruhepausen. In unserem eigenen Interesse pflegen wir unseren Körper und erhalten ihn möglichst gesund.

Ganz wesentlich dabei ist, welche Beziehung wir zu unserem Körper haben. Diese Beziehung entsteht nicht erst im Alter. Da kann sie sich verändern, aber sie besteht auf die eine oder andere Weise bereits unser ganzes Leben lang. Ich bekam neulich ein erschütterndes Beispiel zu hören. Eine Klientin erzählte mir, dass ihre über achtzigjährige Mutter sich ihrer Lebtag für ihre zu dicken Oberschenkel geschämt hatte. Als meine Klientin mit ihr neue Kleider einkaufen wollte, schlug sich die Mutter auf ihre verhassten Schenkel und sagte: »So, Alte! Keine Kleider mehr! Lohnt sich nicht mehr!«

Menschen empfinden ihren Körper sehr verschieden: als Objekt, dessen man sich schämt wie die alte Mutter meiner Klientin, als Gefängnis, Last, Lustspender, Bewegungs-, Arbeits- oder Sprechmaschine, als Beschwerdenverursacher, als Apparat, den man ölen oder in Reparatur geben muss, als Nahrungsverwerter, Modebüste, Muskelpaket, unangenehmen Pfundespeicherer, als unvollkommen und hässlich, stinkend, ekelhaft, unberührbar, lustvoll, abgöttisch geliebt und über alles gestellt, als etwas, das man zentimetergenau normieren muss.

»Nun übertreiben Sie mal nicht!«, werden Sie sagen, »es gibt doch auch Menschen, die ihren Körper gern haben.« Da haben Sie Recht, es gibt Menschen, die mit ihrem Körper zufrieden sind, seine Unvollkommenheiten annehmen können und auch mit den altersbedingten Beschwerden gut zurechtkommen. Voraussetzung dafür ist, dass wir den Körper nicht als Objekt behandeln, sei es als lästiges, kultisch überhöhtes oder maschinenhaft funktionierendes. Es muss uns nicht alles gefallen an uns, wir können uns über den Körper ärgern, aber wir dürfen ihn nicht als ein von uns Getrenntes ansehen. Es gibt kein »wir« und »unser Körper«. Wir sind ein leib-seelischer Prozess, ein Ganzes, eine Einheit. Wir können sogar noch weiter gehen und uns als Zelle am Menschheitskörper verstehen, eine Zelle, die wichtig ist für das Ganze, so wie jede Zelle unseres Körpers wichtig ist für den gesamten Organismus.

In meinem Beruf arbeite ich mit Menschen an ihrer Wahrnehmung für ihre Körperhaftigkeit, die sie in Kontakt mit ihrem leib-seelischen Prozess bringt. Gerade älteren Menschen fällt es oft schwer, die Veränderungen anzunehmen, welche dieser Prozess mit sich bringt. Es braucht Information über den Sinkprozess im reifen Körper, welcher den gängigen Schönheitsidealen zuwiderläuft. James Hillman sagt in seinem Buch *Vom Sinn des langen Lebens*[11]: »Die Erde zieht uns mehr an, und dieser Sog kann uns Angst machen.« Hillman verbindet mit dem Erdwärtssinken einen Heimkehrinstinkt, der uns mehr mit den unteren Welten, dem Schattenreich der Heldenmythen verbindet. Hier finden wir nochmals die Idee der Ganzheit, des Zusammenkommens von Licht und Schatten. Als körperliche Erfahrung jedoch ist dieser Sinkprozess zunächst etwas Ungewohntes, Gewöhnungsbedürftiges, von dem man wissen muss, dass er einer natürlichen Entwicklung entspricht. Der andere wichtige Prozess ist das Nachgiebigerwerden der Muskulatur. Wir haben nicht mehr so viel Haltekraft. Das drückt sich auf verschiedenen Ebenen aus: Wir halten nicht mehr so viel Stress aus, wir werden leichter überschwemmt von Gefühlen, und wir bewegen uns langsamer mit unserem tiefer liegenden Körperschwerpunkt. Diese körperlichen Veränderungen wahrzunehmen und sich auf sie einzustimmen gehört zu den wesentlichen Aufgaben im Alter.

Wenn wir uns darauf einstellen, unsere körperlichen Bedürfnisse anzunehmen, anstatt uns ihnen entgegenzustellen, kann das Leben einfach werden. Ich hatte meinen Lehrmeister in dieser Beziehung in meinem Kater, einem Rottiger, der sich hinlegte, wenn er müde war, fraß, wenn er Hunger hatte, und mir um die Beine strich, wenn er gestreichelt werden wollte. Wenn er aber keine Lust auf Zärtlichkeiten hatte, gab er mir dies mit einem leichten Pfotenhieb zu verstehen.

Es fällt uns leichter, unser körperliches Altern anzunehmen, wenn wir Vorbilder haben von alten Menschen, die eins sind mit ihrem Körper. Ich erinnere mich an einen Ferienaufenthalt an einem mediterranen Ort. Ich war noch überhaupt nicht mit Alterserscheinungen am eigenen Körper konfrontiert und ging frühmorgens zum Schwimmen. Am Bassin traf ich eine, wie mir damals schien, alte Frau, nackt, am ganzen Körper gebräunt, mit keinesfalls straffen Brüsten, aber von einer solchen Anmut und Natürlichkeit, dass es mir den Atem verschlug. Sie nickte mir freundlich und völlig unbefangen zu, blieb sitzen und ließ sich weiter von der warmen Sonne bescheinen. Damals habe ich ganz tief etwas von der Schönheit eines alten, gut bewohnten Körpers begriffen.

Ein anderes Erlebnis, das mir vermittelte, wie ein alter Mensch mit sich und seiner Umgebung in Kontakt sein kann, ist die Erinnerung an einen Nachbarn. Er konnte nicht mehr gut sehen und bewegte sich daher nur noch wenig aus dem Haus. Im Garten sah ich ihn öfters langsam umhergehen und sich hie und da über eine Blume beugen. Er konnte lange so verharren und mit der Hand über die Blütenblätter streicheln. Mir schien, dass er die Blume aufsog mit seinem ganzen Körper, ihren Duft, ihre Form, wie sie sich anfühlte. Obwohl seine Sehfähigkeit eingeschränkt war, schien er nicht weniger intensiv aufzunehmen, was ihm begegnete.

Begegnungen mit alten Menschen können uns so zu Wegweisern werden für den Umgang mit den Veränderungen unserer Körperlichkeit, die wir im eigenen Alter erfahren. Die ganzheitliche Sicht gibt dieser Körperlichkeit einen neuen Stellenwert, und sie relativiert die Bedeutung körperlicher Unvollkommenheit. Wenn wir uns als einzigartige Gestaltung in einem uns übersteigenden Zusammenhang erleben können, fällt es uns leichter, uns anzunehmen als das, was wir sind: eine wunderbare Komposition, ein lebendiger Prozess, dessen physische Existenz vergänglich ist.

Ein buddhistisch orientierter Freund sagte mir einmal, dass Leben und Tod zusammengehören, dass sie infolgedessen gleich gültig wären. Ich verstand zuerst »gleichgültig« und wollte protestieren. Als ich begriff, wie »gleich gültig« gemeint war, wurde ich sehr nachdenklich. Als Idee leuchtete mir die Aussage sofort ein. Ebenso schnell dachte ich aber auch an den Übergang vom Leben zum Tod, der mit der Auflösung unseres Körpers verbunden ist. Dabei fiel mir ein, was ein über fünfundsiebzigjähriger Klient mir erzählt hat:

»In der Nacht habe ich wach gelegen. Angst überkam mich, weil ich an die körperliche Auflösung am Ende des Lebens denken musste. Es war, als ob mein Körper schreien würde: Wie? Ich soll all die sorgfältig aufgebauten Systeme hergeben? Nie werde ich ihrer Zerstörung zustimmen! Es war ein solcher Aufruhr in mir, ich konnte kaum liegen bleiben. Ich hatte tiefes Mitgefühl mit meinem Körper und begriff, dass er leben, alle seine Zellen erhalten und weiter pulsieren wollte. Schließlich beruhigte ich mich bei dem Gefühl, dass es jetzt gar nicht Zeit für die Auflösung sei und ich dem Körper vertrauen könne, zur rechten Zeit auf seine Weise abzubauen, was er kunstvoll aufgebaut hat.«

Wenn wir unseren fühlenden Kontakt zu unserer Körperlichkeit verbessern möchten, können wir uns angewöhnen, uns jeden Tag einige Minuten hinzusetzen und uns auf die momentanen Körperempfindungen einzustellen. Wir fragen uns: Was nehme ich wahr? Wie fühle ich mich im Moment? Ruhig, aufgeregt, weit, eng, gespannt, gelöst? Wie fließt mein Atem gerade jetzt? Dies alles, ohne etwas verändern zu wollen, nur mit Aufmerksamkeit und Zuwendung.

Dann können wir auch unsere Organe begrüßen, das heißt, mit ihnen in Kontakt treten und sagen: »Da bist du ja, mein Herz, ich fühle dich. Wie geht es dir heute? Bist du fröhlich oder bedrückt? Und du, mein Magen? Du fühlst dich etwas überlastet an? Soll ich dir einen Tee kochen?« Die Milz ist vielleicht grämlicher Stimmung. »Machst du dir Sorgen um unser Immunsystem? Ich werde überlegen, wie ich dich unterstützen kann.« Dieser Dialog mit unseren Organen klingt vielleicht absurd. Der fühlende Kontakt zu unserem Körper und seinen Organen trägt aber wesentlich zu unserer Gesundheit bei. Er macht uns aufmerksam, wenn etwas nicht in Ordnung ist, und gibt uns ein Gefühl für die Verbindung zu unseren wunderbar organisierten Systemen und die notwendige Zusammenarbeit mit ihnen.

Vielleicht wenden Sie ein, es sei unangenehm, mit Stellen im Körper in Kontakt zu gehen, die weh tun oder gespannt sind. Eine gute Freundin von mir pflegt jeweils zu sagen: »Die Stelle, die schmerzt, braucht am meisten Zuwendung.« Schmerzen können sich verändern unter unserer liebevollen Zuwendung (ich spreche hier hauptsächlich von erträglichen Schmerzen). Wir können zum Beispiel eine Hand auf die betreffende Stelle legen, sofern wir sie gut erreichen, und so einen Kontakt herstellen. Auch die Hand eines zugewandten Menschen fühlt sich gut an auf gespannten oder schmerzenden Stellen. Auf diese Weise verbinden wir uns wieder mit der Wahrnehmung unserer Körperlichkeit, stimmen uns auf sie ein und können auf ihre Signale achten.

Sexualität im Alter

Die einst heftig diskutierte Frage, ob Sexualität im Alter ein Thema sein dürfe, ob es nicht schamlos oder unwürdig wäre, wenn alte Leute sich Bettfreuden hingäben, hat sich inzwischen wohl beantwortet. Die merkwürdige Vorstellung, das Alter mache körperlos oder es zähle nur noch der Geist, hatte einerseits mit der Auffassung zu tun, dass Körper, Geist und Seele voneinander getrennt seien, und andererseits mit dem Verpönen von »Fleischeslust«, die mit der Vorstellung von erhoffter Würde und Weisheit im Alter nicht vereinbar war. Das zwanzigste Jahrhundert hat Sexualität gründlich enttabuisiert; der einst erotisierende Knöchel unterm Rocksaum wirkt lächerlich angesichts der heute zur Schau gestellten erlaubten Nacktheit sowohl in Realität wie in Abbildungen. (Dass die öffentlich gewordene Nacktheit, die völlige Entschleierung des erotisierenden Geheimnisses offenbar zur Verminderung des sexuellen Anreizes beiträgt, steht auf einem anderen Blatt.)

Etwas ganz anderes ist die Frage, wie sich alte Leute selbst zu ihrer Sexualität einstellen. Zweifellos verändert sich das sexuelle Empfinden mit dem Älterwerden. Die haushälterische Natur hat es nicht mehr auf Fortpflanzung abgesehen, sie vermeidet Verschwendung und drosselt die Hormonproduktion. Sie nimmt uns aber nicht den ganzen Honigtopf weg. Nur unser Verlangen nach Honig wird seltener und sanfter. Manche Menschen empfinden das sogar als Erleichterung, als Erlösung von einem ständigen Getriebensein, als ein Ankommen in ruhigeren Gewässern, das sie genießen. Andere trauern gerade den stürmischen Phasen des sexuellen Elektrisiertseins nach und empfinden den Alterszustand als einen Abstieg, eine kränkende Reduktion ihrer Potenz. Männer sind da in einer unvorteilhafteren Lage als Frauen, weil bei ihnen die sexuelle Vereinigung mit der leidigen Erektion steht und fällt.

Partnerinnen von älteren Männern haben mir oft berichtet, dass ihnen die nicht mehr ganz verlässliche Erektionsfähigkeit weniger ausmache als ihren Männern, die sich deswegen schämten. Frauen sind eher dadurch benachteiligt, dass ihnen die entsprechenden Partner fehlen. Sie können sich aber körperlich besser behelfen, wenn die Scheide beispielsweise zu trocken bleibt.

Sicher ist es für beide Geschlechter nicht leicht, Abschied zu nehmen von der Sicherheit des »einwandfreien Funktionierens« als geschlechtliches Wesen. Die Rolle des omnipotenten Helden oder des attraktiven Stars wird aber leider unhaltbar. Wenn wir sie weiterziehen wollen, machen wir uns mit der Zeit lächerlich. Besser ist es, sich zu fragen: Wovon nehme ich eigentlich Abschied? Als Frau von der Vorstellung, anziehend und umworben zu sein, Erfolg zu haben? Als Mann, gut auszusehen, erobern zu können, Leistung auch im Bett zu erbringen? Alles Dinge, die uns gut tun, uns den Kick des Geschlechterstolzes geben. Müssen wir wirklich darauf verzichten? Nicht ganz, aber die Ebene der Anziehung wechselt von der vorwiegend instinktiven zur betont persönlichen.

Ich erinnere mich an meine eigenen Schwierigkeiten, diese Tatsache zu akzeptieren. Während eines Urlaubs am Meer erwähnte ich meiner Tochter gegenüber, dass es für mich als ältere Frau nicht ganz einfach sei, unter all den knackigen jungen Frauen im Badeanzug zu erscheinen. Meine Tochter schaute mich ganz erstaunt an und sagte: »Aber Mama, darauf kommt es wirklich nicht an. Es ist doch die Ausstrahlung, die zählt, und die hast du.« Diese Worte – die ich seither selbst ab und zu älteren Frauen gegenüber ausspreche – haben mich sehr getröstet.

Zur Erinnerung an die Phase der jugendlichen Sexualität möchte ich ein Gedicht einschieben, das von einem antiken Dichter stammt. Ungefähr zweitausend Jahre ist es alt und beschreibt, was wir heute noch nachvollziehen können.

Aus den Amores

Schwül war's; eben des Tages mittägliche Stunde verflossen
Über dem Ruhbett hin hatt' ich die Glieder gestreckt.
Halb offen stand das Fenster, und halb von dem Laden
beschattet,
So wie das Licht hinspielt unter die Wipfel im Wald;
Oder wie dämmernder Schein nachschwebt der entfliehenden Sonne,
Oder der sinkenden Nacht, ehe der Tag sich erhebt.
Solch ein gedämpfteres Licht
sei schüchternen Mädchen bewilligt,
Wo sich die Scham Zuflucht heimlicher Schatten verheißt.

Siehe! Corinna, sie kam in entgürtetem Untergewande,
Frei das gescheitelte Haar wallend am Nacken herab,
Schön wie Semiramis wohl hintrat zu dem purpurnen
Brautbett,
Oder wie Lais, dem Wunsch wechselnder Buhlen gesellt.
Zwar nicht viel missgönnte das dünne Gewand
der Begierde:
Sittsam wehrte sie doch, als ich es heftig entriss.
Nun so kämpfend wie eine, die selbst nicht wünschte
zu siegen,
Ward durch eignen Verrat leicht sie, die Schlaue, besiegt.
Als sie dem lüsternen Blick nun frei von Umhüllung
dastand,
Nirgend ein Fehl zu erspähn war an der ganzen Gestalt:
Was für Schultern und Arme zu sehn, zu befühlen
gelang mir!
Für die umspannende Hand schienen die Brüste gewölbt.

Glatt der geebnete Bauch,
abwärts von dem strebenden Busen;
Schlank und erhaben der Wuchs;
Hüften wie jugendlich voll!
Doch, was zähl ich es auf? Untadlig alles erblickt ich,
Drückte die Nackte mir fest gegen den brünstigen Leib.
Wisst ihr das Übrige nicht?
Wir ruhten ermattet vom Spiel aus
Mittagsstunden wie die – würden sie oft mir gewährt!

Ovid, 43 v. Chr. – 18 n. Chr.[12]

Es mag uns wehmütig stimmen, ein solches Gedicht zu lesen und sich zu sagen: »Das war einmal!« Weder haben wir als ältere Frauen eine so makellose Gestalt, noch sind wir als ältere Männer so brünstig-funktionstüchtig. Wenn es uns vergönnt war, in unserem Leben die jugendlich-sexuelle Phase voll zu erleben, können wir uns immerhin auf den Schatz der zufriedenen Erinnerung besinnen und schmunzelnd zu uns selbst sagen: »Jawohl, das war einmal!«

Was aber, wenn wir das Gefühl haben, unserem sexuellen Verlangen im bisherigen Leben nicht genügend Raum gegeben zu haben? Wenn sich ein Gefühl des Mangels breit macht, das sich nicht allein auf die Altersphase bezieht, sondern auf unser gesamtes Leben?

Dieses Gefühl des Ausgleichenwollens – in einem neuen Leben – findet sich in einem Gedicht von Hermann Hesse:

Sterbelied des Dichters

Bald geh ich heim,
Bald geh ich aus dem Leim,
Und meine Knochen fallen
zu den andern allen,
Der berühmte Hesse ist verschwunden
Bloß der Verleger lebt noch von seinen Kunden.

Dann komm ich wieder auf die Welt,
Ein Knäblein, das allen wohlgefällt,
Sogar alte Leute schmunzeln
Aus wohlwollenden Runzeln.
Ich aber saufe und fresse,
Heiße nicht mehr Hesse,
Liege bei den jungen Weibern,
Reibe meinen Leib an ihren Leibern,
Kriege sie satt und drücke ihnen die Gurgel zu,
Dann kommt der Henker und bringt mich auch zur Ruh.

Dann kann ich wieder auf Erden
Von einer Mutter geboren werden
Und Bücher schreiben oder Weiber begatten.
Ich bleibe aber lieber im Schatten,
Bleibe im Nichts und ungeboren
Und ungeschoren, im Jenseits verloren,
Da kann man über alle diese Sachen
lachen, lachen, lachen, lachen.

Hermann Hesse[13]

Ovids Gedicht ist eine Ode an die sinnliche Wahrnehmung, an die Verschmelzung von ästhetischem und sexuellem Genuss. In Hesses Gedicht drückt sich, abgesehen vom Wunsch, seine Berühmtheit loszuwerden, die Sehnsucht nach sinnlichem Genuss aus. Interessant ist, dass Hesse dieses Gedicht mit 48 Jahren geschrieben hat, allerdings im trüben November. Es wirkt, als ob er eine

Altersstimmung vorweggenommen hätte: die Verzweiflung am vergeblichen Versuch, sich mit leiblichen Genüssen zu erfüllen, auf der oralen wie auf der sexuellen Ebene. Die Wiederholung des Versuchs endet im Überdruss, der in eine Mordfantasie mündet, die wiederum Ruhe bringen soll vor den unerfüllten Begierden. Die Lösung findet sich in diesem Gedicht nicht in der Erfüllung auf der angestrebten Ebene, sondern im Sich-darüber-Stellen und Den-Konflikt-durch-Lachen-Beenden, das heißt, ihn nicht mehr ernst zu nehmen.

Sosehr sich die beiden Dichter als Persönlichkeiten unterscheiden mögen und so verschieden ihr historisch-gesellschaftlicher Kontext ist, sie stellen beide nicht die persönliche Beziehung in den Mittelpunkt. Ovid bleibt auf der Ebene der vollendeten ästhetisch-orgastischen Erfahrung mit der vollkommen gewachsenen Frau namens Corinna. Bei Hesse sind es einfach »junge Weiber«, Objekte der Begierde.

Dagegen ist an sich nichts einzuwenden – nichts gegen die vitale Kraft der sexuellen Begierde, bei Männern wie bei Frauen! Wiederum das zwanzigste Jahrhundert hat ja die Frauen vom Zwang befreit, sittsam zu erscheinen. Es hat ihnen erlaubt, ihre Sexualität frei zu leben. Der gesellschaftliche Codex gesteht ihnen heute wechselnde sexuelle Beziehungen zu, auch kurzlebige. Auch der One-Night-Stand wird ihnen nach Belieben gewährt. Insofern sind beide Geschlechter gleichgestellt. Sie können ihre Sexualität selbstverantwortlich nach ihren Bedürfnissen ausleben, ohne deswegen gesellschaftlich verurteilt zu werden. Trotzdem erhebt sich auch für jüngere Menschen die Frage: Wie ordne ich meine Sexualität in mein Leben ein? Lasse ich mich von ihr beherrschen, unterdrücke ich sie, lebe ich sie abgespalten von meinen Gefühlen? Wie kann ich sie auf eine befriedigende Art in eine Beziehung einbringen? Diese Fragen beschäftigen heute beide Geschlechter in gleichem Maße.

Im Alter stellt sich die Frage: Was macht denn die Sexualität noch attraktiv, wenn die reine Begierde schwächer wird und die körperliche Funktionsfähigkeit abnimmt? Ich habe immer wieder von älteren Menschen – gerade auch von emanzipierten Frauen, die sich während ihres ganzen Lebens frei fühlten, über ihre sexuellen Begegnungen zu bestimmen – gehört, dass sie sich in ihrer späten Lebensphase ganzheitliche Beziehungen wünschten. Vertrauen und Sichöffnen auf allen Ebenen sollten in ihnen möglich und die Sexualität – in welcher Form auch immer – in sie eingebettet sein. Im Extremfall hieß das sogar: »Wenn ich wählen müsste zwischen Beziehung und Sexualität, würde ich die Beziehung wählen.«

Das bedeutet, dass im Alter vor allem die persönliche Beziehung in den Vordergrund tritt. Nicht, dass sie früher unwichtig gewesen wäre. Aber so, wie wir uns im Alter mehr und mehr von Konventionen, gesellschaftlichen Regeln und Einschränkungen entfernen und unser ganz persönliches Leben gestalten, gewinnt auch der persönliche Anteil bei erotischen Beziehungen größeren Raum. Wir sind nicht mehr getrieben, uns vor allem sexuell zu vereinigen. Wir können Intimität, Nähe, Zärtlichkeit teilen, ohne drängende Zielvorstellung. Ältere Paare berichten mir immer wieder, dass ihr sexueller

Austausch sich vertieft und inniger gestaltet habe im Laufe der Jahre. Berührung und Berührtwerden, im wörtlichen und im übertragenen Sinne, spielen dabei eine entscheidende Rolle.

Der älter werdende Organismus kann nicht mehr so rasch Erregung aufbauen oder sie längere Zeit halten. Das hängt mit der biologisch gegebenen Veränderung vor allem des Muskelgewebes zusammen. Wir werden buchstäblich »weicher« im Alter, das heißt auch durchlässiger für Gefühle. Wenn wir zuvor eine übermäßig gespannte Muskulatur hatten, ist dies von Vorteil. Es fällt uns dann leichter, mit unseren Gefühlen in Kontakt zu kommen. Im Falle einer Unterspannung in unserem Muskelsystem können wir lernen, mit etwas mehr Spannung an den entsprechenden Stellen, zum Beispiel dem Beckenboden, die Erregung besser zu halten.

James Hillman beschreibt in seinem bereits erwähnten Buch *Vom Sinn des langen Lebens,* wie wichtig erotische Fantasien werden können, gerade, wenn die körperlichen Kräfte abnehmen. Er erwähnt Picasso, der mit 87 Jahren 347 erotische Gravierungen in etwas mehr als einem halben Jahr anfertigte; ferner den Psychoanalytiker Dr. Atkin, der sich im Alter von 88 Jahren dreierlei attestierte: einen aktiven Geist, der uneingeschränkt zu erotischen Fantasien fähig war, einen Phallus, dank der erotischen Imagination immer noch zu lustvollen Empfindungen imstande, und die Fähigkeit, romantische Gefühle für seine Frau zu empfinden.

Auch in dieser Beziehung sind uns im Alter keine engen Grenzen mehr gesetzt. Was wir früher vielleicht als absurde, bizarre oder groteske Fantasien verurteilt hätten, können wir uns jetzt erlauben, ohne uns zu schämen. Erregung aus Fantasien zu beziehen ist absolut legitim.

Ob wir uns im Alter auf eine Partnerin/einen Partner beziehen können oder nicht, wichtig ist in erster Linie die intime Beziehung zu uns selbst. Hier nicht im Sinne sexueller Befriedigung, sondern in Bezug auf Kontakt mit unseren eigenen Bedürfnissen, unseren Gefühlen, auch unseren Schattenseiten, Verständnis dafür, wer wir sind und was wir brauchen. Dies macht uns tolerant und aufgeschlossen für die Eigenart eines anderen Menschen. Erst dann sind wir fähig, jemanden in seinem tiefsten Wesen zu empfangen. Fühlen wir selbst uns ebenso aufgenommen, gibt uns das ein Gefühl von umfassender Erfüllung. Ob und wie lange wir im Alter das Glück solcher Begegnungen haben, ist allerdings niemandem von uns garantiert.

Du und Ich: Beziehungen im Alter

Etwas vom Kostbarsten, was man im Alter haben kann, sind in Jahren und Jahrzehnten gewachsene erprobte Beziehungen. Gemeinsame Erlebnisse, die Erfahrung, dass man sich aufeinander verlassen, Auseinandersetzungen wagen und sich verständigen kann, geben den Kitt ab für unverbrüchliche Freundschaften. Die gegenseitigen Schatten ertragen und trotzdem miteinander im Kontakt zu bleiben bildet den Boden für das, was einen wichtigen Teil der Erfüllung im Leben ausmacht: der Austausch über unsere wirkliche Befindlichkeit, unsere tiefsten persönlichen Erfahrungen. Solche Beziehungen sind das Gegengift gegen einen der größten Feinde im Alter: die Einsamkeit.

Eine besondere Stellung nehmen dabei Jugendfreunde und -freundinnen ein, Menschen, die unsere Eltern gekannt haben und uns selbst, als wir noch jung waren. Sie haben den Wandel der Welt seit unserer Jugendzeit miterlebt; für sie sind wir immer noch dieselben unter der heutigen Oberfläche. Sie wissen, wie wir mit Locken und ohne Falten ausgesehen haben, welche Schwächen und Stärken wir in der Schule zeigten, wie viele Streiche wir auf dem Kerbholz hatten. Natürlich ist nicht gesagt, dass die Erinnerungen an eine gemeinsame Jugendzeit eine lebenslange Verbindung garantieren, die über das »Weißt du noch?« hinausgehen. Wie bei allen freundschaftlichen Beziehungen müssen auch da Voraussetzungen für einen längeren Bestand geschaffen werden: Man muss ihnen Zeit und Raum geben, ausdrücken, was einen beschäftigt, ansprechen, was nicht in Ordnung ist. Eine gute Beziehung ist wie eine Pflanze: Sie braucht die Sonne der gut miteinander verbrachten Stunden, sie will gegossen werden, das heißt, Nahrung kriegen über vertrauliche Gespräche, sie benötigt die richtigen Bedingungen für ihr Wachstum, nämlich Aufrichtigkeit, Verlässlichkeit, Vertrauen. Der Mann einer Freundin von mir gebraucht den Ausdruck »handzahm werden« für das Ergebnis von sorgfältig eingehaltenen Regeln in Beziehungen wie beispielsweise sich nicht unnötig verletzen, unabsichtliche Verletzungen bedauern oder anvertraute persönliche Dinge nicht ausplaudern. Solche kontinuierlich gemachten Erfahrungen bauen ein unbeschränktes Vertrauen in die Möglichkeit von Nähe und Offenheit auf.

Manche Beziehungen, in denen sich falsche Töne nicht beseitigen lassen, gibt man im Alter besser auf, oder man verdünnt den Kontakt. So, wie wir am besten überflüssigen Krempel aus unserer Wohnung oder dem Haus entfernen, prüfen wir auch unser Beziehungsfeld auf unbefriedigende Stellen. Ich meine nicht, dass man langjährige Freundschaften leichtfertig aufgeben soll. Manchmal sind wir aber aus lauter Anhänglichkeit blind und täuschen uns über die Qualität einer Beziehung. Dementsprechend sind wir dann immer wieder ent-täuscht.

Es ist nicht so, dass sich im Alter keine neuen Beziehungen mehr knüpfen ließen. Ich kenne eine über neunzigjährige Frau, die im Altersheim wohnt. Jede Woche geht sie mindestens einmal in die Dorfkneipe, wo sich die Jugend trifft, und diskutiert mit den jungen Leuten. Sie betrachtet sie nicht als Randalierer oder flegelhafte Gesellen, sondern spricht sie ohne Scheu an. Die jungen Leute schätzen ihre direkte Art und unterhalten sich gerne mit ihr. Auf diese Weise fühlt sie sich verbunden mit dem, was in ihrer Umgebung passiert, und nimmt teil an den Erfahrungen der viel jüngeren Leute. Natürlich sind diese trotzdem nicht ihresgleichen. Sie sagt dazu lakonisch: »Wenn ich nur mit Menschen meiner Generation

Umgang haben wollte, könnte ich mit mir alleine sprechen.«

Die Trauer um vergangene Zeiten und verlorene Beziehungen mag sich dennoch bei alten Menschen von Zeit zu Zeit melden. Im Buch *Zeiten des Lebens* von Christiane Singer gibt es dazu einen anschaulichen Text:

»Manchmal schleicht sich durch das offene Fenster, durch welches eben noch das Kichern eines Eichelhähers zu uns hereindrang, plötzlich die Melancholie ein. Zu spät, um noch rasch geräuschvoll die Fensterflügel zuzuschlagen! Höflich lassen wir sie in der andern Ecke des Zimmers Platz nehmen, nachdem sie zuvor noch das Sofakissen aufgeschüttelt und ihre Rockschöße glattgestrichen hat. Wir kennen sie gut, die alte Dame in Schwarz mit ihren Manieren und Manien und dem Äthergeruch, den sie um sich verbreitet. Dann kommt mein Freund auf alles, was entschwunden ist, zu sprechen, die Zärtlichkeiten und Lieben, die er nicht bis zur Neige ausgetrunken hatte und die der Tod ihm von den Lippen und aus der Hand riss.

Die Generation, mit der er sich auf den Weg gemacht hatte, wird immer lichter. Die verschworenen Freundschaften, das gemeinsame Elend und Lachen, die Worte und Sätze, die man gemeinsam geschmiedet hatte und deren Sinn von anderen nicht mehr verstanden wird, alles schwindet dahin wie Spiegelungen auf dem Wasser, wenn der Himmel sich zuzieht. Es ist die Stunde der Dämmerung, da sich die Schatten maßlos in die Länge ziehen und die letzten noch besetzten Stühle knarren, die man eilends näher zusammenrückt.

Manchmal, so gesteht er mir, glaubt er, er sei zu jenem toskanischen Mönch geworden, der sich im Morgengrauen zur Meditation in die Natur hinausbegeben hatte und am Abend mit der Erwartung ins Kloster heimkehrt, dass er dort die Suppe serviert findet. Was er aber antrifft, sind nur ein paar unbekannte Gesichter und einige vage vertraute Physiognomien, die jedoch zu weißhaarigen Greisen zurechtgeschminkt sind. Vierzig Jahre sind inzwischen vergangen, während er, in seine Kontemplation versunken, glaubte, es wäre nur ein einziger Tag gewesen. Genau so, fügt mein Freund hinzu, verhält es sich mit dem Leben und seinem Gefolge von Erscheinungen.

Dann macht einer von uns beiden mit einer flüchtigen Handbewegung oder einem Heben der Brauen den anderen darauf aufmerksam, dass das Sofa leer ist.

Die alte Dame ist gegangen.«[14]

Neue Partnerschaften ergeben sich seltener zwischen alten Menschen. Es kommt aber vor, dass zwei lebenserfahrene Menschen sich finden. Unter dem Titel *Alter schützt vor Liebe nicht*« habe ich im Nachrichtenblatt der Stadt Zürich[15] eine Reportage über eine alte Frau und einen alten Mann gelesen, dreiundachtzig- und zweiundachtzigjährig, die eine neue Beziehung eingegangen sind. Auf die Frage »Wie unterscheidet sich die jetzige Liebe von den Gefühlen Ihrer Jugend?« antwortete die alte Frau: »Statt von Liebe sprechen wir lieber von tiefer Freundschaft. Im Alter geht man die Sache ruhiger und überlegter an. Wir beide haben unsere unvergesslichen Lebenspartner verloren. Für uns bedeutet Liebe Mitgefühl, Hilfsbereitschaft und Toleranz.« Die beiden verschweigen nicht, dass sie auch auf Unverständnis und Neid stoßen, da im Altersheim nur zehn Männer, jedoch fünfundsiebzig Frauen leben. Sie wohnen in getrennten Zimmern und »lassen sich ihre Freiheiten«.

Verwitwete Frauen haben mir allerdings auch schon gesagt, dass sie innerlich hin und her gerissen wären zwischen dem Wunsch nach einer neuen Partnerschaft und der Befürchtung, ihr Leben dann nicht mehr so frei gestalten zu können. »Den Service bieten möchte ich nicht mehr, das habe ich lange genug gemacht«, heißt es dann. Vielleicht ist es günstig, sich von gängigen Vorstellungen über ein Zusammenleben zu befreien und an Lösungen zu denken, die beiden Partnern genügend Eigenständigkeit gewähren.

Nachdem Begegnungen im beruflichen Feld wegfallen, ergibt sich für ältere Menschen die Möglichkeit zu Kontakten in Vereinen, Reisegesellschaften oder bei Hobbys, wo man sich mit anderen trifft und austauscht. Ein soziales Netz – dazu gehören auch Nachbarn – ist auf jeden Fall für die gegenseitige Hilfeleistung und Unterstützung wichtig.

Neue Formen von Zusammenwohnen, zum Beispiel eine Hausgemeinschaft unter einem Dach, können den Zusammenhalt unter guten Bekannten oder Freunden im Alter sehr erfreulich gestalten. Die Wege zueinander sind kurz, die Unabhängigkeit der eigenen Wohneinheit bleibt gewahrt. Kommt noch ein gemeinsamer Raum dazu, den man für Feste nützen kann, ist der Austausch mit der äußeren Welt gegeben. Ich kenne drei ältere

Frauen, die zusammen ein Mehrfamilienhaus gekauft und renoviert haben. Jeden zweiten Samstag im Monat findet in ihrer zurechtgemachten Garage ein Tanzabend statt, zu dem Nachbarn, Freunde, Kinder und Enkel, Nichten und Neffen eingeladen sind. Es sind jeweils sehr vergnügliche Abende, wo einer von den Gästen als Discjockey fungiert. So werden verschiedene Stile und Vorlieben für Tanzmusik präsentiert und berücksichtigt. Die Verpflegung wird von den Gästen mitgebracht. Die Gastgeberinnen kümmern sich um Getränke. Auf diese Weise ist niemand überlastet.

Eine andere Idee hat eine Gruppe von elf Frauen realisiert. Sie gründeten einen »Altweiberklub« mit dem Zweck, sich zusammenzutun, um sich über wichtige Altersthemen zu unterhalten. Seit über zehn Jahren treffen sich die Teilnehmerinnen zwei- bis dreimal im Jahr, tauschen ihre in der Zwischenzeit gemachten Erfahrungen aus und gestalten ihr Zusammensein auch als kulinarisches Fest. Jeweils eine oder zwei aus der Gruppe bereiten ein Thema vor, mit dem sich die Frauen an diesem Tag befassen wollen. Die Jüngste des Klubs ist mittlerweile knapp fünfzig, die älteste über siebzig. Nichts spricht dagegen, die Einrichtung bis ins hohe Alter beizubehalten.

Solche Kontaktformen entstehen in der Regel aus vorher schon bestehenden Beziehungen. Vertiefte Freundschaften brauchen Zeit, um zu wachsen. Deshalb ist es so überaus schmerzlich, wenn gute Freunde uns verlassen und vor uns sterben. Wir haben dann das Gefühl eines unersetzlichen Verlustes, an dem wir schwer tragen.

Die Gefahr innerer Vereisung droht, wenn die Wärme des vertrauen Umgangs fehlt.

Paare, die ein halbes Leben zusammen verbracht haben, äußern immer wieder die Angst, dass der eine Partner vor dem andern sterben werde. Sie fürchten sich mit Grund vor der Leere, die dann in ihrem Leben entstünde. Manchmal stimmen auch beide überein, wer sich besser allein zurechtfände nach dem Tod des anderen. Oft wird der Gedanke ans Sterben gar nicht aufgenommen, weil er zu schrecklich ist. Das ist verständlich. Das Zulassen von tiefen Gefühlen ist mit einem beträchtlichen Risiko verbunden. Im Buch *Dienstags bei Morrie* von Mitch Albom wird es so beschrieben:

»Nimm irgendein Gefühl – Liebe zu einer Frau oder Trauer um einen Menschen, den du liebst, oder das, was ich gerade durchmache: Furcht und Schmerz durch eine tödliche Krankheit. Wenn du die Gefühle verdrängst – wenn du dir nicht gestattest, sie wirklich zu fühlen –, dann kannst du nie an den Punkt kommen, dich von ihnen zu distanzieren, denn du bist zu sehr damit beschäftigt, dich vor ihnen zu fürchten. Du fürchtest dich vor dem Schmerz, du fürchtest dich vor dem Kummer. Du fürchtest dich vor der Verletzlichkeit, die es mit sich bringt, jemanden zu lieben.

Indem du dich in diese Gefühle hineinbegibst, indem du dir gestattest, wirklich in sie einzutauchen, ganz tief, und sie über deinen Kopf hinwegspülen zu lassen, spürst du sie voll und ganz. Du weißt, was Schmerz ist. Du weißt, was Liebe ist. Du weißt, was Kummer ist. Und nur dann kannst du sagen: ›Gut. Ich habe dieses Gefühl voll durchlebt. Ich erkenne es wieder. Jetzt muss ich mich einen Moment lang von ihm distanzieren.‹ Dieses Sich-Distanzieren von einem großen Schmerz, immer wieder, ist notwendig, um ihn ertragen zu können. Es braucht Zeit, um innerlich den Trost zu empfinden: ›Das Geschenk dieser Liebe bleibt mir ja. Das kann mir niemand wegnehmen.‹ «[16]

Wenn man jahrzehntelang zusammengelebt hat, kennt man sich so genau wie sonst niemand. Man ist durch den Reichtum gemeinsamer Erfahrung verbunden, den Erfolg, ein Leben aufgebaut und zusammen gemeistert, allenfalls Kinder aufgezogen und in ihr eigenes Leben entlassen zu haben. Aber auch Stürme und Schicksalsschläge wie Krankheit, Arbeitslosigkeit, Verluste auf materieller und menschlicher Ebene verbinden tief, wobei nicht gesagt ist, dass man sie immer Seite an Seite durchgestanden hat.

Selbst in Paarbeziehungen gibt es einsame Zeiten, insbesondere dann, wenn eine Außenbeziehung das Gleichgewicht bedroht. Trotzdem, die Verbundenheit, die durch so viele gemeinsame Jahre entsteht, reicht sehr tief. Der Verlust des Partners/der Partnerin kann eine Wunde schlagen, die zwar heilt, aber nicht ohne eine Narbe zu hinterlassen.

In den Gedichten von Marie Luise Kaschnitz, die sie nach dem Tod ihres Mannes schrieb, kommt die Klage um die verlorene Beziehung auf berührendste Weise zum Ausdruck. Ich möchte einen Teil des mit »Requiem« überschriebenen Texts zitieren.

Requiem

Mit dem Tod muss ich umgehn
Dem schwarzen Hengst,
Der sprengt mit der Schulter
Die sicheren Wände,
Der zerstampft mit dem Huf
Die geglätteten Dielen.
Sein Drahthaar zerriss meinen Vorhang,
Sein Eisatem blies mir die Scheiben blind,
Meine Gebete durchschoss er mit Verwünschung,
Aus meiner Sanftmut schlug er roten Zorn.
Nachts drehte er sich kreischend auf dem Dache,
Ließ durch die Sparren mich dein Zimmer sehen,
Deinen Tisch nicht darinnen
Deine Bettstatt verschwunden
Um deine Bücher Spinnenkränze
Auf dem Teppich Schnee.

Da er dich entrückte flußüber,
Was wußte die Brücke,
Was wußte der Strom?
Und da er dich bettete drüben im Sommergarten
Was wußten die Pappeln, der Mond?
Die Wände strahlten Kobalt
Auf den feuchten
Kieswegen gingen tapfere Sterbende
Und winkten Abstand. Junge Hasen jagten
Vom Rosenbeet zum goldgefleckten Rasen.

Und ich zerrte an deinen Fingern,
Und ich rüttelte deine Schulter,
Aber du rührtest dich nicht.
Du schliefst. Du schliefst,
Ein Mann allein im Boot –
Dein Fischerlicht
Auf grünem Nachtwasser entfernte sich lautlos.
Einer stand hinter mir
Presste mir seine
Unmenschliche Hand auf die Lippen,
Stampfte den Felsgrund
Und die erschütterte Erde,
Murmelte: Schweig.
Lass ihn ziehen.

Marie Luise Kaschnitz[17]

Dies sind die Worte einer sprachmächtigen Dichterin, um ihrem Schmerz Ausdruck zu verleihen. Beim Durchlesen von Todesanzeigen stoßen wir gelegentlich auf schlichtere Texte, welche aber ebenso berührend die tiefe Trauer um die entschwundenen Gefährten ausdrücken. Der Kummer um eine verlorene tiefe Beziehung bringt uns mit Gefühlsschichten in Berührung, die wir vielleicht vorher nie gekannt haben. Die Wandlung, die eine solche Erfahrung in uns bewirken kann, hat auch eine heilende Qualität. Nur vollzieht sie sich langsam, in manchmal sehr langen Zeiträumen. Von der Mutter einer Freundin weiß ich, dass sie nach dem Tod ihres Mannes sieben Jahre brauchte, bis sie sagen konnte: »Ich bin wieder einigermaßen bei mir selbst.« Bei Marie Luise Kaschnitz lässt sich der Übergang vom abgrundtiefen Schmerz über das Verblassen der ständigen Gegenwart des toten Geliebten zum wiedererwachten eigenen Lebensgefühl anhand ihrer Gedichte verfolgen. Ich greife je ein Fragment aus zwei Gedichten heraus. Das erste heißt *Dreimal.* Drei Strophen fangen mit der Zeile an: »Dreimal ging die Witwe übers Ödland«. Jedes Mal trifft sie den toten Partner, erzählt ihm vom Jahresgeschehen, und dreimal endet die Strophe mit der Zeile »Leb wohl, und der Tote nickte«. Die vierte Strophe, nur halb so lang wie die vorigen, verändert das Bild. Diesmal nickt am Ende die Sonne, der Bezug zum Licht ist wiederhergestellt:

Zum andern Mal ging die Witwe,
fand das Ödland nicht mehr.
Hoch stand das Gras, verwachsen starrten die Hecken.
Margeriten blühten und Rosen, die Sichel ging.
Leb wohl, und die Sonne nickte.

Schließlich kehrt die Neugier auf das Leben wieder zurück. Das Gedicht *Meine Neugier* fängt mit den folgenden drei Zeilen an:

Meine Neugier, die ausgewanderte, ist zurückgekehrt.
Mit blanken Augen spaziert sie wieder
Auf der Seite des Lebens.

Die letzten drei Zeilen lauten:

Was für eine Stimme, die aus mir selber kommt.
Spottdrosselstimme, und sagt,
Was willst du, du lebst.[18]

Bei allem Respekt vor dem Schmerz um einen geliebten Partner muss auch gesagt werden, dass der Alltag von gelebten Beziehungen im Alter nicht immer ein Zuckerlecken ist. Ich begleite ein älteres Paar, das ohne Frage seinen Lebensabend zusammen verbringen will. Obwohl beide guten Willens sind, gelingt es ihnen nicht, das zu vermeiden, was sie ihre »Abstürze« nennen. Von Zeit zu Zeit stoßen sie derart zusammen, dass die Beziehung nur noch als Leiden an immer demselben empfunden wird. Ich ließ mir eine solche Begebenheit beschreiben. Es stellte sich heraus, dass sie eine Abmachung trafen, wonach er zu einer bestimmten Zeit zu Hause sein sollte, um ihr zu helfen, einen schweren Topf mit einer Pflanze ins Winterquartier zu bringen. Anschließend wollten sie sich einen schönen Abend machen und ins Kino gehen. Was passierte trotz dieser guten Vorsätze? Er hat die Eigenheit, dass ihm die Zeit wegrutscht, ohne dass er es merkt. So auch diesmal. Er nahm den Zug, der eine Stunde später fuhr als vorgesehen. Erst als er auf dem Bahnhof ankam, bemerkte er den Zeitunterschied, beeilte sich, nach Hause zu kommen, und rief seiner Frau strahlend, wenn auch mit schlechtem Gewissen zu: »Da bin ich ja!« Sie hatte inzwischen von der Besorgnis, ihm könnte etwas passiert sein, zu kalter Wut gewechselt. Eine Kette von Erfahrungen derselben Art war in ihr aufgestiegen. Jahrelanges vergebliches Warten mit dem Gefühl, im Stich gelassen zu werden, überschwemmte sie, und sie schleuderte dem fröhlichen Gatten entgegen: »Weißt du was? Du kannst wieder gehen, woher du gekommen bist!«

Der gemütliche Abend war im Eimer. Beide brauchten Tage, um sich von der betrüblichen Erfahrung zu erholen. Besonders quälend war das Gefühl des Versagens. »Schon wieder ist es uns passiert. Und wir hatten uns doch so fest vorgenommen ...«

Bei der Begleitung alter Paare geht es nicht mehr darum, aufzuhellen, wie es kommt, dass der eine Teil zum Beispiel eine Störung im Zeitgefühl hat und der andere eine übergroße Empfindlichkeit in Bezug auf das Einhalten von Versprechungen. Nicht alle Ecken und Kanten der Persönlichkeit lassen sich abschleifen. Die störenden Beziehungsmuster, die sich im Lauf der Jahre ebenso wie die günstigen herausgebildet haben, verschwinden nicht von selbst. Sie erscheinen höchstens im Licht der wohlwollenderen Betrachtung im Alter gemildert. Man kann im bestem Fall damit leben.

Im oben genannten Beispiel handelte es sich um eine von dem Paar nicht auflösbare Unvereinbarkeit. Wenn beide Partner sich darum bemühen, kann man in dieser Situation ein Bewusstsein schaffen darüber, welche Kerben bei einem solchen Zusammenstoß berührt werden. Es gilt dann, die Hoffnung aufzugeben, dass »so etwas« nie wieder passiert, sondern im Gegenteil damit zu rechnen, dass dieselbe Situation wieder eintreten kann. Das hebt einen großen Teil der Enttäuschung über den abermaligen Absturz auf. Schwieriger ist der Teil zu akzeptieren, dass der/die andere so ist, wie er/sie ist, und nicht zu verlangen, dass er/sie sich ändern soll. Und am schwierigsten anzunehmen ist, dass man selber so ist, wie man ist, und genau so reagiert, wie man es eigentlich nicht möchte.

Immerhin gibt es auch praktische Hilfen, die dazu beitragen können, die ewig gleichen Hürden zu überbrücken. Die Frau könnte beispielsweise zu ihrem Mann sagen: »Mein Lieber, ich habe eine Grenze in dem, was ich an Verspätung von dir ertragen kann. Wenn du mir nicht Bescheid gibst innerhalb einer Dreiviertelstunde nach der abgemachten Zeit, besteht die Gefahr, dass ich ausraste und mich nicht mehr kontrollieren kann.« Von der Seite des Mannes könnte kommen: »Meine Liebe, ich habe ein Problem mit dem Einhalten von vereinbarten Zeiten. Ich kann dir nicht versprechen, pünktlich da zu sein. Ich verspreche dir aber, dich anzurufen, wenn ich losfahre, damit du dir ein Bild machen kannst, wann ich zu Hause sein werde.« Im Zeitalter der mobilen Telefone dürfte die technische Seite dieses Angebotes gelöst sein.

Ob die Beziehungsseite damit verbessert wird, bleibt abzuwarten. Wenn ein Paar solche Formulierungen gebrauchen lernt, ist wenigstens sichergestellt, dass beide ihre Grenzen deklarieren dürfen und keiner den andern zwingen will, das zu tun, was er oder sie für richtig und wünschenswert hält. Die Verständigung über die jeweilige Grenze des anderen trägt zur Entschärfung des Konfliktes bei, der dadurch entsteht, dass man beim anderen bösen Willen oder Nichtachtung der eigenen Person vermutet.

Wichtig ist, dass ein Paar weiß, wie es nach einer kritischen Situation wieder in Kontakt kommt. So könnte man die Abmachung treffen, dass abwechslungsweise der eine und dann die andere nach einer bestimmten Zeit das Gespräch wieder aufnimmt, egal, wer wofür von beiden für »schuldig« gehalten wird. Ich empfehle auch, sich eine Weile hinzusetzen, wenn der Zorn verraucht und die Enttäuschung verblasst ist, und sich an die zuletzt vor der Krise erlebte schöne gemeinsame Stunde zu erinnern. Das stellt die Verbindung zu den Ressourcen der Beziehung wieder her und relativiert die böse Erfahrung.

Ein besonderer Prüfstein für jede Partnerschaft ist der Übergang ins Nicht-mehr-erwerbstätig-Sein. Wie immer das aussieht, ob der eine Partner sich früher zurückzieht als der andere, ob die Zuständigkeit für Haushalt und Berufstätigkeit auf beide oder auf eine Person verteilt war: Es braucht eine Übergangszeit, nicht nur für die direkt Betroffenen, sondern auch für das Paar, um sich in der veränderten Lebensstruktur zurechtzufinden. Diese Übergangszeit kann sich recht unangenehm gestalten. Bekannt sind die Klagen von Ehefrauen, die bis dahin auf ihre Art im Haushalt schalten und walten und ihre Freizeit gestalten konnten. »Und jetzt steht er mir dauernd im Weg, stellt sich ungeschickt an und will auch noch gelobt werden für seine Hilfe!«

Manchmal ergeben sich überraschende, kreative Lösungen für die neu entstandene Situation, indem zum

Beispiel die bisher vorwiegend im Haushalt tätige Frau wieder voll ins Berufsleben einsteigt und der Mann den Haushalt übernimmt. Das kann für beide Teile im Moment eine befriedigende Lösung darstellen. Nach einigen Jahren wird aber doch das tägliche Zusammenleben in denselben Räumen aktuell, in denen man sich bislang nicht ständig zusammen aufgehalten hat. Eine Neugestaltung des Tagesablaufs drängt sich auf, eine andere Verteilung der Zuständigkeiten und Kompetenzen, Absprachen darüber, wie viel Zeit man miteinander verbringen will und wie viel Spielraum für nicht gemeinsame Tätigkeiten oder Beziehungen man sich gegenseitig zugesteht. Reibereien und Auseinandersetzungen sind in dieser Phase kaum zu vermeiden. Wiederum ist es ja nicht so, dass wir mit zunehmendem Alter von selbst weiser und gelassener werden. Im Gegenteil, wenn unser vertrauter Tagesablauf gestört wird und wir uns umstellen müssen, kann uns das gereizt und unzufrieden reagieren lassen.

Auch im Alter ist es so, dass wir nicht alles von der Partnerin/dem Partner erwarten können. Eigene Interessen, eigene Freundschaften – neben den gemeinsamen – bewahren uns davor, die Beziehung zu überfordern. Neben der Gefahr der Vereinsamung gibt es nämlich auch die der »Verzweisamung«, das heißt eines Zustandes, wo ein Paar sich so ausschließlich aufeinander bezieht, dass keine anderen Kontakte in ihrem Leben Platz haben. Wird die Verbindung durch den Tod des einen unterbrochen, ist es für den zurückgebliebenen Teil ungleich mühsamer, neue Beziehungen anzuknüpfen.

Es gibt aber auch Paare, die in einer lebenslangen Ambivalenz miteinander leben. Manche von ihnen haben einen bewährten Kampfstil entwickelt, der immer wieder dafür sorgt, dass die Nähe nicht zu groß wird. Das kann zwar belebend wirken, ist aber auf Dauer mühsam und widerspricht dem zunehmenden Bedürfnis, mit sich und der Welt in Frieden zu leben. Einfacher ist es, eine klare Entscheidung zu treffen, ob man für den Rest seines Lebens mit jemandem zusammenbleiben will oder nicht. Es kommt jedoch vor, dass große Ängste vor dem Alleinsein eine solche Entscheidung unmöglich machen. Es sieht dann so aus, als ob es immer noch besser wäre, in einer unbefriedigenden Beziehung zu leben als allein. Manchmal sind Paare so in ihre Beziehungsmuster verstrickt, dass sie buchstäblich lieber sterben, als etwas zu verändern. Der Tod bringt in solchen Fällen zwar eine Entlastung. Es ist aber durchaus nicht so, dass der Zurückgebliebene nun einfach aufatmet. Auch einen Partner, unter dem man sehr gelitten hat, kann man zunächst schmerzlich vermissen.

Die Frage, ob das Zusammenleben in einer Beziehung nicht früher und länger versöhnlich gestaltet werden könnte, ist sicher berechtigt. Ich begleite gerne ältere Paare, die nicht auseinander gehen, aber die Qualität ihrer Beziehung verbessern möchten. Nach meiner Erfahrung ist es dabei wichtig, über einige Punkte Klarheit zu schaffen. Der Austausch mag schwierig und schmerzlich sein, besonders, wenn man über gewisse Dinge jahrelang geschwiegen hat. Letztlich ist er aber heilsam und schafft die Voraussetzungen für das Leben in einer bereinigten, nicht von altem Groll belasteten Beziehung, über deren Vorzüge und Schattenseite sich beide Partner im Klaren sind und zu der sie ja sagen können.

Zu diesen Punkten gehört das Anhören und Akzeptieren von:

- *gegebenen Grenzen bei beiden Partnern*

Es macht keinen Sinn, nach Jahrzehnten immer noch zu hoffen, der Partner oder die Partnerin würde endlich einsehen, dass er/sie ihr Verhalten ändern sollte, um uns nicht auf die Zehen zu treten. Es ist viel klüger, »au« zu schreien und zu signalisieren, was über die eigenen Grenzen geht. *Die Grenzen müssen klar definiert und vertreten werden.*

- *Unerträglichem*

Unerträglich sind ständige oder extreme Grenzüberschreitungen. Sie müssen dem Partner/der Partnerin zur Kenntnis gebracht werden mitsamt den innerpsychischen Folgen, die sie verursachen. Beispielsweise können wiederkehrende Entwertungen jede Lust auf Körperkontakt ersticken.

- *Tolerierbarem*

Tägliche Auseinandersetzungen über Lässliches vergiften eine Beziehung. Als ich einmal eine Freundin besuchte, sah ich mit Erstaunen, wie ihr Mann die Zigarrenasche während des Gesprächs achtlos auf den Teppich abstreifte. Als wir allein waren, fragte ich sie: »Sag mal, macht dir das nichts aus?« Sie antwortete: »Ich habe vergeblich versucht, es ihm abzugewöhnen. Seither halte ich mir vor Augen, was er mir bedeutet und wie unbedeutend dagegen das bisschen Asche auf dem Teppich ist.« Ich muss gestehen, dass ich beschämt war von diesem echten Verzicht auf Ärger über ein bestimmtes Verhalten des Partners. Wichtig ist natürlich zu untersuchen, ob hinter den Vorwürfen wegen Nichtigkeiten nicht ein alter Groll, ein ganz anderer Vorwurf steckt.

- *alten Verletzungen*

Alte, oft weit zurückliegende Verletzungen stören manchmal eine Beziehung, ohne dass die Partner den Grund erkennen. Eine Frau, die extrem an ihrem Mann herumnörgelte, hatte es ihm zutiefst übel genommen, dass er auf einer Abtreibung bestand, als sie noch nicht verheiratet waren. Obwohl sie später Kinder bekamen, nagten die unausgesprochenen Gefühle von damals an ihr. Als sie diese unterdrückten Gefühle zugeben und ihrem Mann mitteilen konnte, wurde sie viel toleranter im Umgang mit ihm. Voraussetzung war allerdings, dass er ihren Schmerz und die Ressentiments ihm gegenüber aufnehmen und anerkennen konnte.

Zusammen alt werden ist ein schöner und berechtigter Wunsch. Entscheidend ist dabei die Qualität der Beziehung, die Art, wie man all die Jahre zuvor miteinander umgegangen ist. Man kann zwar auch im Alter einen Neuanfang machen. So gibt es Paare, die in einer großen Bereinigungsaktion die belasteten Konten ihrer Beziehung auflösten, indem sie alles Aufgestaute, Nachgetragene auf den Tisch legten und sich gegenseitig verziehen. Was geschehen war und verletzt hatte, wurde von beiden anerkannt und bedauert. Es wurden keine Versprechungen abgegeben, dass in Zukunft nie mehr Verletzungen vorkommen würden. So etwas wäre unrealistisch. Das Aufheben von Altlasten erleichtert aber die Verständigung über Unstimmigkeiten, die in der Gegenwart entstehen und aufgelöst werden können.

Einzelne Paare haben nach einer solchen Bereinigung ihre Beziehung durch eine »zweite Heirat« besiegelt. Ohne Standesamt bekräftigten sie noch einmal ihre Wahl, gelobten sich, einzuhalten, was immer für sie am wichtigsten geworden war in ihrer Beziehung, und feierten den Anlass mit einem Fest zu zweit.

Ich möchte nicht den Eindruck entstehen lassen, dass eine Zweierbeziehung im Alter die einzig beglückende Lebensform wäre. Ich kenne Alleinstehende, die durchaus erfüllt leben. Beziehungen mit vertrauten Menschen sind aber in jedem Fall ein wichtiger Bestandteil unserer Existenz, ob es sich dabei nun um Partner, Verwandte oder Freunde handelt.

Um nochmals auf die Bedrohung durch den Tod von nahen Beziehungspersonen zurückzukommen: Die Zeit, von der wir nicht wissen, wie lange sie uns geschenkt ist, wird dadurch zu einem kostbaren Gut. Im Alltag mag das Wissen darum immer wieder untergehen. Es ist deshalb wichtig, sich in stillen Zeiten auf die Dankbarkeit für das Geschenk von Beziehungen zu besinnen, das Störende daran zu relativieren und sich zu fragen: Wenn mir mein Partner, meine Freundin morgen genommen würde, was möchte ich ihm/ihr auf jeden Fall noch gesagt haben?

Dies hilft uns, eine versöhnlichere Haltung einzunehmen, und bewahrt uns vor schlimmen Selbstvorwürfen nach dem Tod eines geliebten Menschen.

Eine ganz spezielle Beziehung, die uns aufs Neue mit dem Leben verbindet, kann uns im Alter geschenkt werden: diejenige zu Enkeln. Sie treten ohne unser Zutun in unser Leben. Enkel machen uns zu Stammesältesten (sofern unsere eigenen Eltern nicht mehr leben), nicht nur zu Vorsitzenden einer Zweigenerationenfamilie. Ihre Existenz versichert uns, dass die Kette der Generationen nicht unterbrochen wird. Das Bewusstsein darüber mag uns den Gedanken ans eigene Erlöschen erleichtern.

Dazu passt der humorvolle englische Ausspruch:

If I had known my grandchildren were so much fun, I would have had them first.

(Wenn ich gewusst hätte, dass Enkel so viel Spaß machen, hätte ich sie zuerst gehabt.)

Sterbeprozesse

Wer stirbt, bevor er stirbt,
stirbt nicht, wenn er stirbt.

Abraham a Sancta Clara

Ein eigenartiger Spruch, unverständlich auf den ersten Blick. Er wird verständlicher, wenn wir ihn mit anderen Worten umschreiben: Wer gelernt hat, Abschied zu nehmen, wird auch im Sterben Abschied nehmen können.

Wir müssen von vielen und vielem Abschied nehmen im Laufe unseres Lebens, und wir tun das auf unsere eigene Weise. Manche Menschen wollen einen Abschied nicht wahrhaben. Sie bleiben auf dem Bahnsteig nicht stehen, um zu winken. Sie gehen vorher weg, damit sie die Freunde nicht entschwinden sehen. Andere verbergen vor sich selbst, wie bedeutsam Abschiede sind. »Niemand ist unersetzlich«, »Man gewöhnt sich an alles« sind ihre Leitsätze. Wieder andere winken aus Leibeskräften, bis das letzte Zipfelchen des Zuges entschwunden ist. Vielleicht sind sie dann traurig; vielleicht trösten sie sich mit dem Gedanken »Wir werden uns wiedersehen«.

Mit dem letzten großen Abschied umzugehen ist nicht einfach, auch wenn man viele Abschiede überstanden hat. Wir können wegsehen, verharmlosen, hoffen – er ist und bleibt endgültig. Wir werden dem Freund/der Freundin in ihrer physischen Gestalt nicht wieder begegnen, und wir werden selbst unser einmaliges kostbares Leben unwiederbringlich verlieren. Wir wissen nicht wann, wir wissen nur, dass wir bestimmt sterben werden. »Ultima latet«, heißt es auf den Sonnenuhren. »Die Letzte ist verborgen.« Also eine große Unsicherheit in einer unumstößlichen Gewissheit.

Möglicherweise will Abraham a Sancta Clara uns darauf hinweisen, dem Gedanken an unser Sterben nicht auszuweichen, uns der Ungewissheit zu stellen. Üben und uns daran gewöhnen können wir ja nicht. Aber wie können wir dem Gedanken an das Ende unserer Existenz standhalten?

Wie wäre es, einen Versuch zu machen und innerlich für einen Moment in die Nähe zu gehen, so dass wir unsere Reaktion darauf wahrnehmen können? Weisen wir den Gedanken weit von uns, überfällt uns ein Schauer oder bleiben wir einigermaßen gelassen? Vielleicht tauchen Erinnerungen an Sterbeprozesse auf, deren Zeugen wir waren. Es können intensive, tröstliche oder furchterregende sein. Es ist nicht nötig, lange dabei zu bleiben, wenn wir es nicht ertragen oder wenn wir uns dagegen auflehnen. Es reicht festzustellen, an welchem inneren Ort wir im Moment dem Sterben gegenüber sind.

Viele Menschen sagen, der Gedanke an den Tod wäre für sie nicht furchtbar, aber das Sterben mache ihnen Angst, weil sie nicht wüssten, in welche Situationen es sie bringen werde. Es ist wahr: So ungewiss wie die Stunde ist die Art, wie wir sterben werden. Die manchmal vertretene Ansicht, es reiche, seine Probleme gründlich durchzuarbeiten, um ein Anrecht auf einen sanften Tod zu erwerben, hat sich nicht bewahrheitet. Stanley Keleman sagt in seinem Buch *Lebe dein Sterben* sinngemäß, dass unser Sterben unserem Lebensprozess entspricht. Das stimmt in vielen Fällen, wenn man genauer hinschaut. Trotzdem sind nicht alle Tode ohne weiteres in einen Zusammenhang mit dem jeweiligen Leben einzuordnen. Manchmal bringt der Sterbeprozess einen verborgenen Persönlichkeitsanteil zum Vorschein, der in der letzten Phase noch entwickelt werden will.

Ich erinnere mich an eine ältere Freundin, sehr vital und willensstark, gewohnt, zu bestimmen und ihren Kopf durchzusetzen. Alle ihre Freunde dachten, sie würde eines Tages tot umfallen, so kurz und bündig, wie es ihre Art war. Sie wurde aber an ein längeres Krankenlager gefesselt, das auszuhalten ihr sehr schwer fiel. In der Zeit ihrer Krankheit hatte sie einen Traum: Sie stand auf einer Klippe und wollte sich hinunterschwingen ins Meer. Eine Stimme sagte jedoch: »So geht es nicht, du musst langsam hinuntergehen.« In diesem Moment entdeckte sie Stufen, die in den Fels gehauen waren: ihr vorgezeichneter Weg, Schritt für Schritt dem Tod entgegenzugehen.

Nach neun Monaten war sie bereit, »den Tod zu wagen« – ihre letzten Worte.

Die Aussage, dass wir von Geburt an beginnen zu sterben, hat eine defizitäre Note. Ich würde es lieber so formulieren: Wir wachsen von Geburt an dem Tod entgegen, in welchem wir unser Wachstum vollenden. Oder, wie Monika Renz es in ihrem Buch *Zeugnisse Sterbender* formuliert: »Sterben ist mehr als ein nur körperliches Ableben. Selbst, ja gerade im Sterben finden Menschen zu letzter Reifung. Und doch stirbt jeder anders, einmalig seinen eigenen Tod. Es gibt Menschen, die noch in den Tagen ihres Sterbens nicht wahrhaben können, dass ihr Leben zu Ende geht ... Im Sterben anderer werden diese Tage zur Ahnung von Fülle und Erfahrung von höchster Intensität. Letzte Fragen werden gestellt, Schritte der Versöhnung mit sich und dem Schicksal gelingen.«

Viele Menschen wünschen sich einen Sekundentod oder ein sanftes Hinübergleiten. Die Realität sieht oft anders aus: ein sich lange hinziehendes Sterben an einer unheilbaren Krankheit oder sogar ein jahrelanges Im-Koma-Liegen.

In der westlichen Welt wird zunehmend im Krankenhaus gestorben, nicht mehr daheim. Die Angehörigen sind von einer intensiven Krankenpflege überfordert; oft ist medizinische Betreuung nötig. Für Krebskranke zum Beispiel braucht es ein Team von Pflegenden, die sich ablösen. Mit Recht fürchten wir zunächst ein anonymes Sterben, das all unsere Ängste zum Vorschein bringt: Angst vor dem Abhängigwerden, nicht mehr bestimmen können, Schmerzen erleiden, uns fügen müssen ins Unabänderliche, Pflege annehmen müssen, unbeweglich sein, sich ausgeliefert fühlen, Unsicherheit und Ungewissheit ertragen, reduziert und abgebaut werden.

Was brauchen Sterbende von uns, daheim oder im Krankenhaus? Vor allem unsere ganze Präsenz, das Mit-ihnen-Sein, oder, wie es ein Sterbender formulierte: »dass jemand mindestens den Versuch macht, mich zu verstehen«.[19] Das bedeutet, unsere Vor-stellungen und Vor-urteile aufzugeben zugunsten des Mitgehens mit dem, was im Moment erscheinen will. Sogar mit einem Menschen, der im Koma liegt, kann man Verbindung behalten, indem man auf die feinsten Körpersignale achtet wie das Heben eines Lides oder eine Veränderung des Atems als Antwort auf etwas, das wir sagen. Selbst wenn Sterbende nicht mehr imstande sind zu reden, können wir mit ihnen sprechen und ihre Reaktionen aufnehmen.

Es ist gut, einiges zu wissen über Sterbephasen, zum Beispiel die Depression, in die jemand fallen kann, weil er/sie alles aufgeben muss, das ihm/ihr lieb und wert war:

den Besitz, die Beziehungen, die verschiedenen Fähigkeiten, den Körper, Lust und Freude am Leben, das Leben selbst. Auch zornige Reaktionen sind möglich, und sie können sich gegen die nächste Person im Umkreis richten. Dann ist es gut, die tiefere Ursache, nämlich die Auflehnung gegen das Unabänderliche, zu erkennen und den Ärger oder die Vorwürfe nicht persönlich zu nehmen.

Schon das ist nicht leicht. Umso schwieriger wird es, wenn wir selbst gegen das Unausweichliche kämpfen, es nicht wahr haben wollen oder im eigenen Schmerz um den bevorstehenden Verlust versinken. Manchmal trauen wir uns nicht, unserem tieferen Wissen zu folgen und Dinge auszusprechen, »die sich doch nicht gehören« oder die den Sterbenden verletzen könnten. Manchmal scheuen wir auch zurück vor dem, was uns entgegentritt. Einen Menschen seinen letzten Weg gehen zu lassen und ihn fühlend zu begleiten ist wirklich nicht immer leicht. Selbst die Sorge aufzugeben, ob er einen guten Übergang haben wird, wenn er sich gegen den Tod sträubt, oder die Vorstellung, was gut für ihn wäre, fällt uns schwer.

Ich erinnere mich an eine Klientin, die zu mir kam mit dem Anliegen, wie sie ihrer Mutter helfen könne, »dem Tod ins Antlitz zu blicken«. Sie weigere sich und rede davon, dass es ihr bald besser gehen werde. Dies, obwohl sie an Knochenkrebs litt und mit aller Wahrscheinlichkeit keine drei Monate mehr zu leben hatte. Wir fanden heraus, dass für die Klientin selber der Gedanke unerträglich war, nicht die Wahrheit zu erfahren. Sie wollte genau informiert werden im Falle einer Erkrankung. Als ihr dies bewusst wurde, hörte sie auf, ihre Mutter mit Gesprächen zu bedrängen, und ließ ihr Zeit, sich auf ihre Art mit dem Tod vertraut zu machen.

Ob man reden oder schweigen soll, kann ein echtes Dilemma sein. Wenn ein Kranker sich nach einer Operation freut, dass er wiederhergestellt ist, und die Angehörigen wissen um die Diagnose des unaufhaltsamen Fortschritts der Krankheit trotz der Operation, fällt es nicht leicht, dem Sterbenden die Hoffnung zu lassen, ohne sich dabei vorzukommen wie jemand, der eine Täuschung aufrechterhält.

Auch wenn sterbende Freunde sich klar sind über ihren Zustand und man miteinander reden kann, braucht es Zeit, um das Zu-Ende-Gehen eines Lebens und einer Verbindung anzunehmen. Vor drei Jahren rief mich ein Freund an. Er sagte zu mir: »Setz dich bitte. Ich habe dir etwas Ernstes zu sagen.« Dann teilte er mir die Diagnose seiner Krankheit mit und die Lebensdauer, die ihm die Ärzte in Aussicht stellten: zwei bis drei Monate. Er sprach mit sanfter, eindringlicher Stimme, als wollte er den Schock mildern. Ich musste weinen. Er ließ mir Zeit und erzählte dann, wie fassungslos er selbst gewesen war beim ersten Hören. »Wie? Sterben – aber doch nicht ich?« Früher einmal hatten wir über unsere Altersvisionen gesprochen. Er sah sich als alter Mann unter einem Baum sitzend, alles in Ruhe aufnehmend, was ihm an Erdenschönheit dargeboten wurde. Mit rasender Schnelligkeit stürzte nun sein Zeithorizont zusammen – da war keine Weite mehr, keine Dauer, nur noch ein zerfasertes Stück Zukunft voll Ungewissheit und Bedrohung.

Er fiel in einen Abgrund von Verzweiflung und Auflehnung. Schließlich entschloss er sich zur Chemotherapie. Langsam tauchte er aus dem Abgrund auf und wandte sich der Pflege seiner selbst zu. Ich war mir nie sicher gewesen, ob er sich eigentlich liebte. Jetzt schimmerte etwas von Zuwendung sich selber gegenüber auf, als er mir erzählte, wie er die Flüssigkeit, welche die Krebszellen vernichten sollte, als goldigen Strom visualisierte. Er brachte es sogar fertig, diese Zellen nicht zu hassen, sondern sie als Teil von sich selbst anzunehmen, nachdem er lange das Unbegreifliche nicht akzeptieren konnte, dass dieser Teil seines Körpers sich zerstörerisch gegen ihn selbst wandte.

Es blieb ihm mehr Zeit als vorausgesagt. In dieser Zeit brachte er alle aufgeschobenen Geschäfte seines Lebens zum Abschluss. Eine seiner letzten Aussagen war: »Loslassen ist das Gegenteil von Aufgeben.«

Sterbeprozesse haben ihre eigene Dynamik. Alles Sichsorgen, wie der Sterbende hinübergehen kann, ist im Grunde überflüssig. Wir wissen nicht, was im letzten Moment noch passiert. Ein amerikanischer Therapeut erzählte mir, was er in einem Obdachlosenheim erlebte, in dem Trunkenbolde, Verwahrloste, Randständige Unterkunft suchten. Ein alter verkommener Mann war am Sterben. Im Moment des Hinübergehens erschien ein solcher Glanz auf seinem Gesicht, dass alle Umstehenden ergriffen wurden und ihn als erlöst erlebten.

Im *Tibetischen Buch vom Leben und vom Sterben* gibt es einen Text, der die hilfreichste Einstellung sterbenden Freunden gegenüber – ob hörbar ausgesprochen oder nicht – umschreibt: »Ich bin hier bei dir, und ich liebe dich. Du liegst im Sterben, aber das ist etwas ganz Natürliches; es geschieht jedem. Ich wünschte, du könntest noch länger bei mir bleiben, aber ich möchte nicht, dass du noch länger leidest. Die Zeit, die wir miteinander verbrachten, war schön und intensiv, und ich werde sie immer zu schätzen wissen. Bitte halte jetzt nicht länger am Leben fest. Lass los! Ich gebe dir von ganzem Herzen mein Einverständnis zu sterben. Du bist nicht allein, weder jetzt noch in Zukunft. Du hast meine ganze Liebe.«

Der Gedanke ans eigene Sterben mag uns leichter oder schwerer fallen als derjenige an das Sterben von Menschen, die uns nahe sind. Wahrscheinlich haben aber viele von uns im Laufe ihres Lebens einmal gedacht: »Der Tod beendet doch alles – warum eigentlich nicht jetzt?« Das muss kein wirklicher Todeswunsch sein, sondern nur das Bedürfnis, vor dem Leben und seinen Belastungen für einige Zeit Ruhe zu haben. Andererseits gibt es Momente, wo eine Phase abgeschlossen ist. Man ist sozusagen auf einer schönen Ebene angekommen – wozu soll man weitersteigen? Es scheint, dass manche Menschen zu diesem Zeitpunkt aussteigen. Öfters folgen Menschen auch einem inneren Drehbuch, das ihnen verbietet, älter als ein Elternteil zu werden. Sie sterben sozusagen aus Loyalität. Wieder andere ziehen den Tod einem Leben vor, das sie nicht bewältigen können. Ich spreche hier nicht von freiwilligem Aus-dem-Leben-Scheiden, sondern von unbewusst ablaufenden Prozessen, die ein Leben beenden können.

Wer ein langes Leben hinter sich hat mit dem Gefühl, seine Lebensernte eingebracht zu haben, ist wohl glücklich zu schätzen. Der Gedanke ans eigene Sterben mag dann von selbst immer wieder auftauchen, und die Überlegungen dazu müssen nicht allzu bedrückend sein. Sein Sterben kann man auf verschiedenen Ebenen vorbereiten, um das, was leichter gemacht werden kann, auch zu tun. Auf der materiellen Ebene kann man seine Angelegenheiten ordnen und klare Bestimmungen treffen, um Streit unter den Erben zu vermeiden. Sein Testament machen bedeutet nicht, unmittelbar darauf sterben zu müssen, sondern sich das beruhigende Gefühl zu verschaffen, dass die Hinterbliebenen einem nicht bittere Vorwürfe machen oder sich mit Dingen herumschlagen müssen, über die sie nie informiert wurden. Hierhin gehören auch Bestimmungen über lebensverlängernde Maßnahmen im Krankenhaus oder Wünsche, welche Organspenden betreffen. Klare Anordnungen erleichtern den Hinterbliebenen Entscheidungen und nehmen ihnen schwere Konflikte ab.

Für die eigene innere Klarheit lohnt es sich, in einem ruhigen Moment zu überlegen:

»Was würde mich am Ende meines Lebens reuen, wenn ich es nicht getan hätte?« Oder auch: »Was möchte ich unbedingt noch tun, bevor mein Leben zu Ende ist?«

Diese Fragen kann man sich selbstverständlich in jedem Alter stellen. Wirklich alten Menschen helfen sie, Prioritäten zu setzen und dem Gefühl von Reue vorzubeugen, dass man etwas Wichtiges nicht getan oder unterlassen hat und einem keine Zeit mehr bleibt, sich damit zu beschäftigen. Oft stellt sich durch diese Fragen auch heraus, dass man Dinge weglassen kann, die unglaublich wichtig erscheinen, es aber gar nicht sind, wenn wir an unser Ende denken. Auf diese Weise gewinnen wir einen anderen Maßstab; die Wichtigkeit dessen, was wir tun, wird relativiert.

Ich sagte einmal scherzhaft zu einem Freund: »Im nächsten Leben werde ich Sängerin – und wenn ich auf der Straße singen muss!« Zu meiner Überraschung sagte er: »Warum tust du es nicht jetzt, in diesem Leben?« Wir mussten beide lachen. Den Wink habe ich aber verstanden: Verschieben gilt nicht. Annähern kann man sich immer. Wenn ich keine Reise nach Rom machen kann, kann ich doch einen Cappuccino trinken. Ein billiger Trost, werden Sie sagen. Aber besser als resignieren und die Hoffnung aufgeben.

Hier möchte ich einen Abschnitt aus der eindrücklichen Sterbegeschichte im Buch *Dienstags bei Morrie* von Mitch Albom einfügen. Mitch, ein amerikanischer Journalist, erfährt, dass sein ehemaliger Professor Morrie Schwartz schwer erkrankt ist und bald sterben wird. Er besucht ihn vierzehn Wochen lang jeden Dienstag und staunt: Sosehr die tödliche Krankheit Morrie gezeichnet hat, so hat er darüber doch nicht seinen Humor, seine Würde und seinen Mut verloren. Mitch, der meint, dem Sterbenden Kraft und Trost spenden zu müssen, lernt stattdessen durch die Gespräche das Leben neu zu betrachten und zu verstehen.

Wie konnte Morrie diese Qualitäten während seines körperlichen Verfalls bewahren? Indem er sich nicht versteckte, sondern preisgab, Kontakte nicht vermied, sondern sich in aller Offenheit mitteilte, seinen Forschergeist auch auf seine letzte Lebenszeit richtete, und – indem er die Liebe hochhielt. Einfach ist es wohl nicht, seine Würde zu bewahren, wenn man nicht mehr imstande ist, sich den eigenen Hintern abzuwischen, zu lächeln, wenn man alle Fähigkeiten verliert, die einen zum sich unabhängig bewegenden Menschen machen, den Mut zu bewahren angesichts des sicheren Todes. Morrie brachte es fertig. Er war entschlossen, seinen Geist nicht besiegen zu lassen. Den Anfang seines Leidens kommentierte er so:

»... als all dies begann, fragte ich mich: Werde ich mich vom Leben zurückziehen, so wie die meisten Leute, oder werde ich leben? Ich beschloss, dass ich leben würde – oder zumindest versuchen würde, zu leben –, und zwar so, wie ich es möchte: mit Würde, mit Mut, mit Humor, mit Gelassenheit.

Manchmal passiert es, dass ich am Morgen hemmungslos weine und mein Schicksal betrauere. Manchmal bin ich morgens schrecklich wütend und bitter. Aber es dauert nicht allzu lange. Dann stehe ich auf und sage: ›Ich möchte leben ...‹

Bisher war ich fähig, es zu tun. Werde ich es auch weiterhin können? Ich weiß es nicht. Aber ich habe mit mir selbst eine Wette abgeschlossen, dass das der Fall sein wird.«

Zum Sterben selbst sagt er: »Jeder weiß, dass er sterben wird, aber niemand glaubt es. Wenn wir es täten, dann würden wir die Dinge anders machen.«

»Also machen wir uns, was den Tod angeht, etwas vor«, sagte ich. (Mitch Albom)

»Ja. Aber es gibt eine bessere Herangehensweise. Zu wissen, dass du sterben musst, und jederzeit darauf vorbereitet zu sein. Das ist besser. Auf die Weise kannst du tatsächlich *intensiver* leben, während du lebst.«

»Wie kann man jemals darauf vorbereitet sein, zu sterben?«

»... Stell dir vor, dass jeden Tag ein kleiner Vogel auf deiner Schulter sitzt, der dich fragt: Ist heute der Tag? Bin ich bereit? Tue ich alles, was ich tun sollte? Bin ich der Mensch, der ich sein möchte?«

Er drehte den Kopf zu seiner Schulter, als säße der kleine Vogel tatsächlich dort.

»Ist heute der Tag, an dem ich sterben werde?«

Morrie war imstande, das Bewusstsein des eigenen Sterbens nicht auszublenden und trotzdem so intensiv wie möglich zu leben. Er veranstaltete denn auch eine »Vor-Beerdigung«, das heißt, er lud seine Familie und seine Freunde ein, um mit ihnen Abschied zu feiern, solange er noch lebte. Jeder sprach ein paar Worte zu seinem alten Freund. Eine Frau nannte ihn in einem Gedicht einen »zarten Mammutbaum«. Morrie weinte und lachte. Die Freunde und er konnten all die tiefen Gefühle ausdrücken, die wir sonst kaum äußern, oder eben erst, wenn jemand gestorben ist.

Morrie Schwartz war bestimmt ein außergewöhnlicher Mensch. Wir mögen uns unser Sterben privater vorstellen, in einem stilleren Raum. Es gibt Menschen, die in einem unbewachten Moment hinübergehen, gerade wenn niemand von den Angehörigen und Freunden bei ihnen ist. Wenn wir uns vorher verabschieden und mit uns wichtigen Menschen Versöhnungsgespräche führen konnten, trägt dies gewiss zum inneren Frieden im Sterbemoment bei.

Richten wir unsere Gedanken über den eigenen Tod hinaus, so steigen vielleicht Wünsche für die Gedenkfeier auf, die wir selbst nicht mehr erleben werden. Es kann auch sein, dass wir diese Angelegenheit getrost den Zurückgebliebenen überlassen. Oft jedoch ist es ein schöner Gedanke, die Angehörigen mit unserer Lieblingsmusik zu trösten oder ihnen mit einem bestimmten Text noch etwas zu übermitteln. Unter Umständen möchten wir auch bestimmen, wie wir gerade *nicht* gefeiert werden möchten.

Die eigenwillige alte Freundin, von der ich in diesem Kapitel gesprochen habe, bestimmte, dass die Freunde und Freundinnen sich in einer hübsch gelegenen Kapelle treffen sollten. Eine offizielle Verabschiedung wünschte sie nicht; jeder und jede sollte etwas darüber erzählen, was sie ihnen bedeutet hätte. Die verschiedenen Beiträge, die sich zwanglos aneinander reihten, brachten so viele Facetten der Verstorbenen zum Vorschein, dass allen bewusst wurde, wie vielfältig und originell ihre Persönlichkeit gewesen war. Es wurde auch geschmunzelt bei dieser Totenfeier. Ein ganz rührender Beitrag kam von einem achtjährigen Jungen, den die Verstorbene kurz vor ihrem Tod im Krankenhaus kennen gelernt hatte. Er stand mit seiner Violine vor all den Leuten und erfüllte ihren letzten Wunsch: »Wenn ich gestorben bin, dann spielst du mir noch etwas, gelt!«

Noch bist du da

Wirf deine Angst
in die Luft

Bald
ist deine Zeit um
bald
wächst der Himmel
unter dem Gras
fallen deine Träume
ins Nirgends

Noch
duftet die Nelke
singt die Drossel
noch darfst du lieben
Worte verschenken
noch bist du da

Gib was du hast
Sei was du bist

Rose Ausländer[20]

Den Tod annehmen

Was ihr seid, das waren wir.
Was wir sind, das werdet ihr.

Alter Friedhofsspruch

Über den Tod selbst können wir nicht schreiben, weil diejenigen, die ihn erfahren haben, nicht mehr zu uns sprechen. Wir haben allenfalls Menschen hinübergehen sehen und sind dadurch mit dem Mysterium Tod in Berührung gekommen. Auch durch Berichte über Nahtoderfahrungen können wir ahnen, wie sich der große Übergang gestaltet. Wir können uns zusätzlich mit dem uralten Wissen von Totenbüchern befassen, zum Beispiel mit dem tibetischen, worin das Verständnis dieser Kultur für den Tod, die Vorgänge beim Sterben und für das, was nach dem Tod geschieht, festgehalten wird. Damit kommen wir in die Nähe des Themas; die Erfahrung selbst bleibt uns vorbehalten bis zuletzt.

Mit der Bedeutung jedoch, die der Tod für unser Leben hat, können wir uns sehr wohl beschäftigen. Die Tatsache, dass unser Leben unweigerlich in den Tod mündet, ist von zentraler Bedeutung für uns. Tiere, sagt man, leben unbeschwerter, weil sie nicht wissen, dass sie sterben werden. Wir Menschen dagegen sind mit dem Wissen um die Endlichkeit unseres Lebens beschwert. Die Frage ist, wie wir mit dieser Bürde umgehen. Wir können uns Mühe geben, so kreatürlich wie möglich zu leben, aber wir werden sie dadurch nicht los. Es ist verständlich, dass wir versuchen, sie leichter zu machen, indem wir sie von uns wegschieben, verleugnen, hoffen, dass es uns noch lange nicht trifft, denn der Tod ist zunächst einmal der Beender unseres Lebens, der uns alles nimmt, was wir haben. Wir können nicht das Geringste behalten, denn »das letzte Hemd hat keine Taschen«.

Im *Tibetischen Buch vom Leben und vom Sterben*[21] heißt es dazu:

»Wir ahnen, dass wir in etwas gänzlich Unbekanntes gestoßen werden und uns völlig verändern, wenn wir sterben. Wir stellen uns vor, dass wir uns verloren und verwirrt an erschreckend unbekannten Orten wiederfinden. Wir malen uns aus, es sei wie das Erwachen in einem völlig fremden Land, allein und gequält von Angst; wir kennen weder das Land noch die Sprache, wir haben kein Geld, keine Kontakte, keinen Ausweis und keine Freunde ...«

Wir, die wir auf körperliche Berührung, auch mit dem Auge, dem Ohr, angewiesen, im Physischen verankert sind, mit unserem Körper nicht fliegen können, obwohl wir uns das manchmal wünschen und die Erdenschwere verfluchen – sie hält uns doch fest und bindet uns an den Boden, wo wir zu Hause sind. Wie süß oder wie sauer uns dieses Zuhause vorkommen mag: Es ist das einzige, das wir haben, solange wir verkörpert sind. Danach mögen andere Welten unser Zuhause sein, aber die kennen wir nicht und müssen nahe Menschen und zuletzt uns selbst ins Ungewisse hinein entlassen.

Für junge Menschen, die erst am Sich-Verankern in der Welt sind, ist der Tod deshalb im Allgemeinen kein

Thema. Zu schwer wiegt die Bedrohung, sein Leben nicht ganz auskosten zu können, es vorzeitig beenden zu müssen. In dem von Schubert vertonten Gedicht von Matthias Claudius *Der Tod und das Mädchen* kommt die Todesangst eines jungen Menschen voll zum Ausdruck:

Vorüber! Ach, vorüber!
Geh, wilder Knochenmann!
Ich bin noch jung, geh, Lieber!
und rühre mich nicht an.

Der Tod erscheint hier als wild, als gewalttätiger knöcherner Schnitter, der niemanden verschont. Die Anrede »Lieber« soll ihn besänftigen und davon abbringen, die junge Blüte vorzeitig zu brechen.

Die Antwort des Todes zeichnet ein anderes Bild von ihm:

Gib deine Hand,
du schön und zart Gebild!
Bin Freund und komme nicht zu strafen.
Sei gutes Muts!
Ich bin nicht wild.
Sollst sanft in meinen Armen schlafen.

Doch wie soll ein junger, lebensfroher Mensch diesen Trost annehmen? Dem Mädchen ist nur bang vor dem Sterben. Je älter wir aber werden, desto mehr tritt das Wissen um den eigenen Tod in den Vordergrund. Wir können verschieden damit umgehen. Wir können uns nicht darum kümmern, tun, als gäbe es ihn nicht für uns, wir können sagen: »Heute lebe ich, wenn er sich meldet, sehen wir weiter.« Wir können hoffen, kaum zu merken, wenn wir sterben, oder uns mit der Aussicht auf ein Leben nach dem Tod trösten. Wir können uns aber auch auf ihn einstellen und versuchen, ihn für unser Leben fruchtbar zu machen.

Für das Letztere braucht es Mut, obwohl es im Grunde alten Menschen geziemt, das Wissen um den Tod nicht mehr zu verdrängen. Mit dem Gefühl eines Lebens, das man voll ausgeschöpft hat, fällt es wohl leichter. Dann kann man sogar in die Phase kommen, wo man lebenssatt ist und sich freiwillig mit dem Tod anfreundet. Dennoch ist es nicht so, dass die Angst vor dem Tod einfach durch die Jahre gemildert wird. Sie besteht ein ganzes Leben lang, auch wenn wir sie zurückdrängen. Sie kann sich sogar in der Nähe des Todes verstärken, wenn wir nicht lernen, ihn zu akzeptieren.

Den Tod annehmen zu lernen ist eine wichtige Aufgabe, die sich alten Menschen stellt. Keine einfache, das ist unbestritten. Von Tolstoi wissen wir, dass er auf jede Tagebuchseite für den nächsten Tag »w.i.l.« eintrug. Das heißt: »Wenn ich lebe«. Offenbar war er sich andauernd der Gefährdung des eigenen Lebens durch den Tod bewusst. Elias Canetti betrachtete den Tod als seinen größten Feind, der ihn hindern könnte, sein Werk zu vollenden. Man darf annehmen, dass diese beiden außergewöhnlich schöpferischen Menschen durch den Gedanken an den Tod aufs Höchste angespornt wurden, das, was sie für wichtig hielten, zu vollbringen.

Wenn wir das Sterbenmüssen ernst nehmen, auch für uns selber, setzt der Tod einen mächtigen Kontrapunkt zum Leben. Die Endlichkeit des Lebens macht es unendlich kostbar. Der Tod wird so zum großen Intensivator des Lebens. In den Worten von Elisabeth Kübler-Ross: »Der Tod kann uns den Weg zeigen, denn wenn wir endgültig verstehen, dass unsere Zeit auf Erden begrenzt ist, und dass wir nicht wissen können, wann sie zu Ende ist, dann sollten wir jeden Tag so leben, als ob es der einzige uns verbliebene wäre.«[22]

Die von Kübler-Ross beschriebene Einstellung können wir kaum pausenlos aufrechterhalten. Wir können sie jedoch als Richtlinie nehmen, an die wir uns immer wieder erinnern. Mit einer beschränkten Spanne Zeit vor Augen bleibt es uns nämlich nicht erspart zu fragen:

Wofür will ich die mir verbleibende Zeit verwenden?

Was ist mir wichtig genug, dass ich ihm vor allem andern Zeit einräume?

Kann ich es mir leisten, die wichtigen Dinge zu verschieben, wenn ich nicht weiß, wie lange ich lebe?

Diese Fragen zu stellen und ernst zu nehmen würde wahrscheinlich zu einer radikalen Umstellung des eigenen Lebens führen. Wir wären gezwungen, Prioritäten zu setzen, auf Überflüssiges zu verzichten und sehr sorgfältig mit unserer Zeit umzugehen. Zunächst werden wir darauf unwillig reagieren und sagen: Das schmeckt zu sehr nach Einschränkungen und Verzicht. Soll ich anfangen, geizig zu werden mit meiner Zeit? Und wo bleibt das Vergnügen, der Lebensgenuss?

Es macht in der Tat keinen Sinn, uns den Tod ständig

vor Augen halten zu wollen. Zu leicht geraten wir damit in ein ängstlich kontrollierendes Verhalten und in die Nähe der lebensfeindlichen Frage: Wozu dies alles, wenn es mir doch am Ende genommen wird? Es geht vielmehr darum, das Bewusstsein unserer Endlichkeit nicht zu verlieren. Das verhilft uns dazu, unsere Ziele zu relativieren, sie unter einem anderen Gesichtspunkt zu sehen und uns darauf einzustellen. Man könnte sagen: Bauen wir den Tod als Kompass in unser Leben ein, als verbündeten Mahner, der uns vor allzu großen Abweichungen von unserem Lebensziel bewahrt. Lebensziel verstanden als das, was wir im Moment unseres Todes auf keinen Fall verpasst haben möchten.

Eine Bekannte erzählte mir, dass sie nach einer lebensgefährlichen Krankheit jeden Morgen den Tod imaginär hinter sich stellte und ihn fragte: »Was meinst du, was ist heute das Wichtigste für mich?« Die Antworten, die sie erhielt – sie kamen natürlich aus ihrem eigenen tieferen Wissen um ihre Lebensziele –, halfen ihr wirksam, sich auf die Dinge zu konzentrieren, die ihrem Leben Sinn gaben.

Was uns hindert, die End-Gültigkeit des Todes widerstandslos anzunehmen, ist außer dem Aufgebenmüssen unseres Lebens die Kränkung, die er für uns bedeutet. Er ist mächtiger als wir, wir sind ihm gegenüber ohn-mächtig, wir können ihn nicht kontrollieren oder in den Griff bekommen, er ist unberechenbar, wir sind abhängig von ihm, er kann uns unerträgliche Verluste zufügen, unsere Bedeutung in der Welt verblasst vor ihm, er macht keine Ausnahme und keine Unterschiede zwischen den Menschen.

Seine schwer anzunehmende Unausweichlichkeit findet sich in folgender Geschichte beschrieben:[23]

Ein reicher Herr schickt seinen Diener auf den Markt, um einzukaufen. Nach kurzer Zeit kommt der Diener mit leeren Körben zurück, kreidebleich:

»Was ist los mit dir? Warum bist du schon zurück? Und wo sind die Einkäufe?«

Mühsam stößt der Diener hervor: »Bitte gib mir ein Pferd. Ich muss fort. Auf dem Marktplatz sitzt der Tod. Ich reite gen Samarkand.«

»Wenn es so steht, nimm ein Pferd und mach dich fort.«

Sobald der Diener verschwunden war, ging der Herr auf den Markt, sah den Tod wirklich dort sitzen und stellte ihn zur Rede: »Was fällt dir ein, meinen Diener so zu erschrecken? Der Arme ist vollkommen durcheinander nach Hause gekommen und hatte nur einen Gedanken: wegzureiten nach Samarkand.«

»Ich verstehe nicht, warum er sich aufregt«, sagte der Tod. »Hier auf dem Marktplatz kann ihm nichts passieren. Ich habe allerdings eine Verabredung mit ihm, heute Abend in Samarkand.«

Es ist von daher nicht verwunderlich, dass der Gedanke, den Tod zu überlisten, zur Menschheitsgeschichte gehört. Er zeigt sich zum Beispiel im Volksmärchen *Der Gevatter Tod,* wo ein armer Mann für das dreizehnte Kind keinen anderen Paten findet als den Tod, der ihm verspricht, das Kind reich und berühmt zu machen. Er tut es, indem er ihm ein Kraut zeigt, welches Kranke gesund macht. Das Patenkind wird dadurch ein berühmter Arzt. Er darf das Heilmittel jedoch nur anwenden, wenn er den Tod zu Häupten des Kranken stehen sieht. Steht der Tod jedoch zu dessen Füßen, muss er sagen: »Hier ist jede Hilfe umsonst.« Der junge Arzt hält sich getreulich an die Regel, bis er zum schwer kranken König gerufen wird. Unglücklicherweise steht der Tod zu Füßen des Bettes. Die Versuchung ist für den Patensohn zu groß. Er lässt schnell den König verkehrt ins Bett legen und macht ihn gesund. Der Tod verzeiht ihm dieses eine Mal, droht aber, ihn abzuholen, wenn er noch einmal versuchen würde, ihn zu überlisten.

Die nächste Versuchung kommt selbstverständlich und zwar in Gestalt der Königstochter, die todkrank wird. Demjenigen, der sie heilt, werden ihre Hand und das halbe Reich versprochen. Wiederum kann der Arzt nicht widerstehen. Er wendet denselben Trick an und bringt den Tod um seine Beute. Diesmal holt der erbitterte Pate ihn und führt ihn in eine unterirdische Höhle, in welcher unzählige Lichter brennen. Sie sind unterschiedlich lang. Der Patensohn erfährt, dass es die Lebenslichter aller Menschen sind. Er denkt natürlich, dass sein eigenes noch recht groß wäre. Zu seinem Entsetzen zeigt ihm der Tod ein kleines Stümpfchen, das am Erlöschen ist. Inständig bittet er den Paten, doch ein neues Licht für ihn anzustecken. Der Tod willigt scheinbar ein, stellt sich aber absichtlich so ungeschickt an, dass das Stümpfchen erlischt, bevor er das neue Licht anzünden kann. So fällt der Arzt selbst in die Hand des Todes.

Das Märchen illustriert wörtlich, dass gegen den Tod kein Kraut gewachsen ist. In unserer Zeit kehrt jedoch der alte Gedanke mit der aufs neue gestellten Frage wieder, ob nicht doch ein Kräutlein gegen unsere Sterblichkeit gewachsen wäre. Die so genannten Transhumanisten, zu denen namhafte Forscher, Philosophen und Computerwissenschaftler gehören, setzen sich nicht mehr und nicht weniger als die Unsterblichkeit zum Ziel. Angestrebt wird ein Leben ohne Schmerz und Angst in einem Zeitalter, in dem »Posthumanisten den Gensatz des Menschen neu geschrieben haben werden, in dem das globale Ökosystem von Grund auf neu gestaltet wird, in dem jedes Leid aus der Welt verschwunden sein wird«.[24] Zu diesem Zweck werden Verstorbene bei minus 196 Grad Celsius aufbewahrt bis zum Anbruch einer neuen technologischen Ära, die es ermöglichen soll, das in einem menschlichen Gehirn gespeicherte Wissen und alle Erfahrung auf einen Computer zu übertragen. Andere Versuche, den Tod zu umgehen, bestehen darin, durch tiefgefrorene Zellen von Erwachsenen oder Kindern ein späteres Klonen zu ermöglichen. Auch die Idee, Kopf und Gehirn eines Menschen auf einen jüngeren oder gesunden Körper zu verpflanzen, existiert. Die Begründung lautet: »Warum soll man denn aufhören mit allem, was wir bereits verändern, manipulieren und konstruieren können, warum soll man nicht einfach fortschreiten bis zum Erreichen der Unsterblichkeit?«

Ja warum? Ohne auf die Diskussion der ethischen Vertretbarkeit solcher Forschertätigkeit einzugehen, möchte ich die Antwort eines deutschen Transhumanisten auf die Frage, warum er ewig leben möchte, zitieren: »Weil ich darunter leide, weil ich es zum Verzweifeln finde, dass meine Persönlichkeit, meine Intelligenz und alle Kenntnisse, die ich im Verlauf meines Lebens erworben habe, mit dem Tod meines biologischen Körpers vernichtet werden, weil ich den Tod als eine ungeheure Verschwendung von Wissen betrachte.«

In dieser Antwort spiegeln sich der verzweifelte Kampf gegen die Vergänglichkeit, der wir unterliegen, aber auch die Hoffnung, mit Hilfe modernster Technologie über sie zu triumphieren. Priorität hat dabei die Erhaltung der Intelligenz, des Wissens, der Kenntnisse. Der unermüdliche Erfindergeist, der zum Überwinden der Grenzen menschlicher Existenz dienen soll, ist in dieser Weltsicht des Menschen wichtigster und wertvollster Teil.

Die Frage nach der Lebbarkeit solcher manipulierter Existenzen und der notwendigerweise elitären Auswahl der »Unsterblichen« lassen wir wiederum offen.

Was den Aussagen von Vertretern dieser Theorien zugrunde liegt, ist nichts anderes als der alte Menschheitstraum in neuem Gewand, die Utopie eines Lebens ohne Schmerz und Leid wie im Paradies, in dem wir auch sicher vor dem Tod wären. Die Frage nach der Qualität eines endlos verlängerten Lebens taucht dabei nicht auf. Endloses Forschen wäre wohl Seligkeit genug.

Wie sollen wir nun aber mit dem Gedanken an den Tod umgehen, wenn wir aufgehört haben, ihn zu verleugnen oder gegen ihn zu rebellieren? Indem wir ihn zunächst anerkennen als Tatsache. Ich rede nicht davon, sich mit ihm zu versöhnen. Dies bleibt unter Umständen den letzten Stunden vorbehalten oder passiert gar nicht zu Lebzeiten eines Menschen. Wir können aber eine neue Sichtweise auf den Tod gewinnen, indem wir ihn nicht länger als Gegensatz zum Leben ansehen, sondern als unauflöslich zu ihm gehörig. Leben und Tod, Geburt und Sterben sind eins. Sie sind nicht dasselbe, aber sie bilden zusammen eine Ganzheit. Insofern sind sie gleich gültig. Gleich gültig heißt hier wiederum nicht egal, ohne besondere Bedeutung. Im Gegenteil: Der Tod ist die andere, höchst bedeutsame Seite des Lebens. Es gehört zur Lebenskunst, den Tod nicht aus dem Bewusstsein zu verbannen, während wir leben, und trotzdem voll im Leben zu stehen. Es ist dasselbe Paradoxon, wie alles, was wir tun, so zu tun, als ob es das Einzige wäre, was zählt, und gleichzeitig zu wissen, dass es letztlich nicht darauf ankommt. Im Grunde geht es um die Überwindung einer Dualität, die sich in unserer Vorstellung festgesetzt hat, zugunsten einer umfassenderen ganzheitlichen Sicht. Der Tod kann dann eine ganz andere Qualität bekommen, wie sie bereits im Text *Der Tod und das Mädchen* angesprochen wurde: die Qualität des Hinüberbringers in ein sanftes Aufgehobensein.

Nun werden Sie sagen: Schön und gut. Doch wie praktiziert man die Kunst, mit dem Tod als einem Teil des Lebens umzugehen? Ohne die Schwierigkeit des letzten Überganges verharmlosen zu wollen, können wir doch eine Antwort geben, nämlich die: indem wir uns darauf vorbereiten. Nicht, indem wir »memento mori« an den Spiegel heften und darüber trübsinnig werden, sondern indem wir uns vor Augen halten, dass der Prozess unseres Lebens in den Prozess unseres Todes übergeht, und dass das eine nicht vom anderen zu trennen ist. Es wäre zu einfach, daraus schließen zu wollen, dass wir so sterben, wie wir leben, also hektisch oder zögerlich, ängstlich oder vertrauensvoll. Es gibt aber Parallelen zu der Art, wie wir mit dem Leben umgehen, zu derjenigen, wie wir mit dem Tod umgehen. Deshalb ist der Gedanke des Weiterwachsens im Alter so wichtig, weil wir damit auch dem Tod entgegenwachsen und ihn damit als letzte Reifestufe begreifen können.

Einer meiner Lehrer pflegte zu sagen: »Verpasst den Moment eures Todes ja nicht!« Er wollte damit auf das Aufrechterhalten des Bewusstseins über den eigenen Prozess selbst im Sterben hinweisen. Dies ist eine gute Leitlinie. Trotzdem nehme ich an, dass alles Sich-Einstellen auf den Tod uns nicht davor bewahrt, zitternd und schwach im Sattel zu hängen, wenn er an uns herantritt. Es sei deshalb auf ein weiteres Moment hingewiesen. Es kommt im Text einer meiner Klientinnen zum Ausdruck, den sie nach dem Tod ihres Mannes schrieb, welcher sich sehr schwer vom irdischen Dasein lösen konnte:

»Es war einmal ein Blatt, das fühlte, wie sein Stiel sich löste von dem Ast, an dem es angewachsen war. Es war ein ungewohntes Gefühl; das Blatt kam sich leichter vor, aber es fürchtete sich auch. Und je mehr der Stiel sich löste, desto fester klammerte sich das Blatt an den Ast, mit dem es noch verbunden war. Es schwankte hin und her und hatte nur noch einen Gedanken: Soll ich festhalten oder soll ich loslassen? Da kam ein sanfter Wind, und der Baum schüttelte sich ein wenig. Da fiel das Blatt von selbst vom Ast.«

Das Moment, das zu dem vorher geschilderten Anerkennen und Annehmen des eigenen Todes hinzutreten kann, ist dasjenige der Gnade, die uns des Bemühens enthebt, »richtig« zu sterben. Dazu gehört, dass der Tod unserem Leben eine Qualität hinzufügt, die wir als sein eigentliches Mysterium begreifen können: das der Wandlung. Monika Renz beschreibt sie in ihrem Buch *Zeugnisse Sterbender*:[25]

»Das Ich stößt in einem solchen Ausmaß an Grenzen, dass es aufhören muss, zu denken und zu verstehen. Der Sterbende kommt in den Zustand, wo nicht mehr er bestimmt, sondern wo ihm geschieht. Dieses radikale Loslassen zu bejahen und sich in ein Wandlungsgeschehen wirklich einzulassen, darin besteht für mich die Crux im Sterbeprozess. Schon vor dem Tod muss in den Tod des Ichs und jeglicher Selbstbestimmung eingewilligt werden. Dies bestenfalls in der Hoffnung oder im tieferen Wissen, dass ›Ich‹ es schaffe. Wandlung ist trotz Endgültigkeit nicht Ende, sondern Wende.«

Es ist nicht zu leugnen: Wir wissen nicht, wie wir sterben werden, ob unser Leben ein kurzes Ende haben wird oder ob wir durch einen längeren Leidensprozess hindurchgehen müssen. Wir können in jenem Augenblick nur in die Kraft unseres Bestehens vertrauen. Die Bitte um diese Kraft lässt sich in folgende Worte kleiden:

Lass mich zur richtigen Zeit
am richtigen Ort sein
und in Würde bestehen,
was mir beschieden ist.

Zum Abschluss dieses Kapitels möchte ich Ihnen eine meditative Übung vorschlagen:

Überlegen Sie sich in einem stillen, ruhigen Moment, wie die Inschrift auf Ihrem Grabstein lauten soll. Sie sind damit nicht aufgefordert, sich mit Ihrem Tod zu befassen, sondern mit dem, was Sie als die Quintessenz Ihres Lebens ansehen. Können Sie sie in ein Wort, einen Satz fassen, der vorübergehenden Menschen mitteilt, was Ihnen wichtig ist im Leben? Stellen Sie sich die Inschrift vor und fragen Sie sich dann: Und was müsste auf der Rückseite des Grabsteins stehen? Dieser Text ist nur für Sie bestimmt und drückt aus, was für Sie ganz persönlich gilt oder was der Text auf der Vorderseite verschweigt.

Nehmen Sie sich Zeit, um über die beiden Aussagen und ihre Bedeutung für Ihr Leben nachzudenken.

Und danach?

Da ist ein Land der Lebenden
und ein Land der Toten,
und die Brücke zwischen ihnen ist die Liebe,
das einzig Bleibende, der einzige Sinn.

Text aus einer Todesanzeige

Der Text stellt das Reich der Toten als völlig getrennt vom Reich der Lebenden dar. Die noch im Leben weilen, können mit ihrer Liebe eine Verbindung herstellen zu den Toten. Aber das Reich der Toten, wie sieht es aus? Was erwartet uns nach dem Tod? Leere, Dunkelheit, Ruhe, Frieden, Lichtwellen, Sphärenklänge? In verschiedenen Religionen, Völkern, Erdteilen existieren unterschiedliche Vorstellungen darüber.

In der nordamerikanischen Arktis gibt es einen Stamm, der glaubt, dass alle Dinge auf Erden eine Seele haben, die aussieht wie die Miniatur des Körpers, in dem sie wohnt – dass also ein Hirsch einen winzigen Hirsch in sich trägt und ein Mensch einen winzigen Menschen. Wenn das große Wesen stirbt, lebt das winzige weiter. Es kann in etwas hineinschlüpfen, das gerade in der Nähe geboren wird, oder es kann zu einem vorübergehenden Ruheplatz im Himmel aufsteigen, bis der Mond es zur Erde zurückschickt.

Ein älterer Klient von mir, der sich mit seinem Lebensende beschäftigte, übergab mir folgenden Text: »Der Abschied von allem, auch von mir selbst, liegt vor mir. Ich werde vergehen, und mein Ich kann es nicht verstehen. Ab und zu scheint ein Licht auf in meinem Leben, der Abglanz einer strahlenden Helligkeit, an die etwas in mir sich zu erinnern scheint als bereits Erfahrenes, im körperlosen Raum Erlebtes. Die physische Form verlieren lässt hoffen auf Trans-Formation, ein Auferstehen in anderer Gestalt. Als was? Als Farbe, Schwingung oder als Neugeborenes? Am liebsten möchte ich ein Engel werden, einer jener treuen Begleiter der Menschen, die ihnen zur

Seite stehen, selbst aber körperlos sind. Ich mag zwar meinen Körper, aber der Gedanke, weiter zu werden, als seine Begrenzung es erlaubt, ist verlockend.«

Die Frage, was nach dem Tod kommt, lässt sich nicht vom Wissen, nur vom Glauben her beantworten. Sie beschäftigt die Menschen seit jeher. Für die einen ist der Tod das absolute Ende, danach folgt das Nichts. Andere glauben an einen Wechsel vom irdischen Leben in Räume des Lichts oder auch der Finsternis. Oder der Tod wird als Übergang von einer zur anderen in einer langen Kette von Existenzen betrachtet. Er ist dann wie die Geburt einer Schnittstelle. An dieser scheinen wir auf in unserem jetzigen Leben, an jener wechseln wir in eine andere Seinsform bis zur nächsten Geburt.

Für unser physisches Leben ist der Tod endgültig. Insofern stimmt der Eingangstext, der eine klare Unterscheidung macht zwischen tot und lebendig. Wenn wir an einem Totenbett stehen, ist uns schmerzlich klar, dass wir keine Antwort mehr bekommen aus dem Mund der Toten. Sie sehen uns nicht mehr an und reichen uns die Hand nicht mehr. Die Brücke der Liebe, der innere Dialog, vielleicht auch das Gefühl einer unsichtbaren Präsenz bleiben uns erhalten. Manche Menschen beschreiben, dass sie die Verbindung zu ihren Toten an Stätten der Erinnerung besonders stark spüren, sei es auf Friedhöfen oder an Stellen in der Landschaft, auf dem Wasser, in den Bergen, wo die Asche verstreut wurde. Das sind immer Momente besonderer Offenheit und Tiefe.

Es kann auch sein, dass wir gar nicht darüber nachdenken, was nach dem Tod sein soll. Je näher wir aber im Alter dem eigenen Tod kommen, desto unabweislicher steigt die Frage auf: Gibt es ein Danach? Die Antwort, die wir uns darauf geben, beeinflusst unser Leben nachhaltig. Im Hinblick auf die Verheißung, die der Tod für uns bedeutet, leben wir nämlich unser gegenwärtiges Leben, ob wir uns dessen bewusst sind oder nicht. Die Verheißung kann das Nichts sein oder eine jenseitige Welt oder eine Wiedergeburt: Sie wirkt wie eine Kompassnadel, die unserem Leben eine Aus-richtung gibt. Die Ausrichtung liegt nicht auf einer Linie, sie umfasst eine Bandbreite von Gegensätzen, zwischen denen wir unseren Weg finden müssen.

Die Vorstellung des endgültigen Ausgelöschtwerdens kann uns in Verzweiflung und Lebensgier stürzen. Sie kann uns aber auch gefasste Gelassenheit dem Leben gegenüber bringen. Die Vorstellung eines besseren Jenseits schenkt uns auf der einen Seite das Gefühl des Aufgehobenseins, auf der anderen müssen wir aber bangen, ob wir bestehen können vor dem Gericht, das unsere Taten wägt. Von daher drohen uns Schuld- und Verlorenheitsgefühle. Die Idee einer Kette von Existenzen relativiert das Absolute des Todes. Sie gibt uns sozusagen weitere Chancen. Wir müssen uns aber bemühen, in diesem Leben keine Verschlechterung für das nächste zu bewirken.

Woran auch immer wir glauben, wir können auf keine Art und Weise den Tod und die Frage des Danach aus unserm Leben ausklammern. Wir müssen mit der zitternden Kompassnadel leben. Was kann uns dabei helfen? Ich glaube, es ist die Verbindung mit dem, was unsere individuelle Existenz übersteigt, der Anschluss an den universellen Puls. Wir finden dann zu einer Spiritualität, die nicht in erster Linie auf ein jenseitiges Leben zielt, sondern unser diesseitiges Leben durchdringt und mit Sinn erfüllt. Spiritualität in diesem Sinn bedeutet, die Verbindung zur Heiligkeit unseres Lebens zu finden und entsprechend damit umzugehen. Wenn wir uns öffnen für das Wunderbare unseres gegenwärtigen Lebens, offenbart es sich zuerst und vor allem im Alltag, im Aufgehen der Sonne, in der Begegnung mit einem Menschen, im Duft einer Rose, aber auch im Moment eines tiefen Schmerzes oder des Sehnens nach Frieden. In Verbindung mit dieser Erfahrung von Spiritualität können wir uns dem Tag und der Nacht, dem Leben und dem Tod anvertrauen.

Dazu Sogyal Rinpoche im *Tibetischen Buch vom Leben und vom Sterben*:[26] »Wahre Spiritualität bedeutet also, uns bewusst zu sein, dass wir in wechselseitigen Beziehungen zu allem und jedem stehen. Selbst unsere kleinsten und unwichtigsten Gedanken, Worte und Taten haben reale Konsequenzen im gesamten Universum. Wirf einen Stein in einen Teich – er lässt Bewegungen über die ganze Oberfläche des Wassers wandern. Die Kreise verschmelzen ineinander und erzeugen neue. Alles ist unauflösbar ineinander verwoben: Wir kommen zu der Erkenntnis, dass wir für alles, was wir denken, sagen oder tun, verantwortlich sind. Wir sind wirklich verantwortlich für uns selbst, jeden und alles andere – das ganze Universum.«

Und in den Worten des Dalai Lama:[27] »In der heutigen Welt können Individuen und Nationen viele ihrer Probleme nicht mehr eigenständig lösen. Wir brauchen einander. Wir müssen daher ein Gefühl universeller Verantwortung entwickeln ... Es ist unsere individuelle und kollektive Verantwortung, die Familie der Lebewesen auf diesem Planeten zu schützen und zu erhalten, ihre schwachen Mitglieder zu stützen und schützend für die Umwelt zu sorgen, in der wir alle leben.«

Den Gedanken der Verbundenheit jeder individuellen Existenz mit dem größeren Ganzen nimmt auch Morrie Schwartz auf. Er erzählt die Geschichte einer kleinen Welle, die auf der Oberfläche des Ozeans entlanghüpft und unglaublich viel Spaß hat. Sie genießt den Wind und die frische Luft, bis sie bemerkt, dass vor ihr noch andere Wellen sind, die an der Küste zerschellen.

»Mein Gott, das ist ja schrecklich«, sagt die Welle. »Wenn ich mir vorstelle, was mit mir passieren wird!«

Da kommt eine andere Welle vorbei. Sie sieht die erste Welle, die grimmig dreinschaut, und fragt: »Warum siehst du so traurig aus?«

Die erste Welle sagt: »Du verstehst überhaupt nicht, was los ist! Wir werden allesamt an der Küste zerschellen! Wir, alle Wellen, werden nichts sein! Ist das nicht schrecklich?«

Die zweite Welle sagt: »Nein, du verstehst nicht. Du bist nicht eine Welle, du bist Teil des Ozeans.«[28]

Hier kommt der Gedanke der Unvergänglichkeit hinzu, der im unauflöslichen Zusammenhang der einzelnen Existenz mit dem durch das Meer repräsentierten kosmischen Ganzen liegt, und die Rückkehr des Einzelnen in den Schoß des Ganzen, das ewig weiterexistiert. Mit den Worten von Stanley Keleman: Wir sind Verkörperungen des Ewigen.

Spirituelle Erfahrungen im Moment des Todes lassen diese Verbindung mit dem Ewigen aufscheinen, unabhängig von unserem Glaubensbekenntnis. Monika Renz sagt, dass in ihren Sterbebegleitungen die Kirchentreue bei manchen Menschen auslösend für eine spirituelle Erfahrung war, zum Beispiel durch die Wirkung geliebter Kirchen- oder Marienlieder. Daneben tauchten spirituelle Dimensionen auch als freie Erfahrung bei Menschen jenseits von Kirche und Religion auf. Ähnlich häufig machten Menschen, die sich eindeutig zu Kirche und Religion bekannten, eine davon losgelöste, freie, andersartige spirituelle Erfahrung. Allen aber schien gemeinsam, dass eine spirituelle Erfahrung in Todesnähe nicht planbar und berechenbar ist. Sie ist ein Geschenk.

Monika Renz meint dazu: »... öffnet sich uns doch in diesen Zeugnissen Sterbender so etwas wie eine Einsicht ins tiefste Wesen des Menschen. Unser Leben scheint nicht einfach spurlos im Leeren zu versanden. Den Erfahrungen vieler Sterbender folgend muss es hinter dem Geheimnis des Todes etwas geben, wovon sie zutiefst angezogen sind.«[29]

Ob im Leben oder im Sterben, Spiritualität ist die Verbindung zu der das Individuelle und das Materielle übersteigenden kosmischen Einheit. Es ist sehr wichtig, dass wir in schwierigen Zeiten, in Unglück, Schmerz und Leiden, das Wissen um diese Verbindung nicht verlieren. Manchmal brauchen wir andere Menschen, die uns helfen, den Kontakt zu dieser Quelle wiederherzustellen, die in uns allen vorhanden ist.

Dazu möchte ich den Traum einer bald achtzigjährigen Frau anfügen. Sie erzählte mir: »Letzte Nacht sah ich im Traum ein großes Rad. Es war an einem Kirchturm befestigt. An den Enden seiner eisernen Speichen saßen goldene Schöpflöffel. Ich wusste, wenn es sich dreht, kann ich den ganzen Reichtum des Lebens ausschöpfen.« Offenbar war die Verbindung zur Spiritualität (das Rad war am Kirchturm befestigt) für sie unabdingbar, um den Reichtum des Lebens ausschöpfen zu können.

Eine große Hilfe, um die Verbindung zur Spiritualität zu behalten, sind Rituale, vom einfachen täglichen bis zur ausgedehnten Feier bei der Ankunft eines Kindes oder für einen Verstorbenen. Im Alltag genügen kurze Momente, um sich zu erinnern: das Anzünden einer Kerze etwa oder einige Minuten meditativer Ruhe. Größere Rituale wie Sonnen- oder Mondfeste, Jahreszeitenfeste oder solche im Laufe des Kirchenjahres feiern wir am besten in Gemeinschaft und gestalten sie auch gemeinsam. Das spirituelle Feld wird dadurch sehr viel dichter.

Eines der schönsten Rituale, an das ich mich erinnern kann, beging ich zusammen mit einer Freundin zu Ehren eines verstorbenen gemeinsamen Freundes. Er hatte in einem anderen Erdteil gelebt, und wir konnten nicht an seiner Begräbnisfeier teilnehmen. Deshalb verabredeten wir uns zur Zeit des in der Ferne vorgesehenen Rituals und stiegen vor Sonnenaufgang auf einen Berg bis zu einer allein stehenden, kraftvollen Eiche. Wir legten frische grüne Blätter und eine Sonnenblume auf einen Stein unter den Baum, zündeten Teelichter in der Zahl seiner Lebensjahre an und erinnerten uns an seine letzten Worte: »Ich stehe in voller Kraft im Angesicht des Todes.« Meine Freundin spielte auf der Violine das Stück, welches er sich für seine Trauerfeier gewünscht hatte. Während ihres Spiels ging die Sonne auf. Das Licht brach in vollen Bahnen durch den grauen Morgen. Wir schauten andächtig zu, fühlten uns mit den fernen Freunden verbunden und verließen den Ort unseres Rituals in innerem Frieden.

Alles ist gut

Die Farben des Herbstes –
wärmer und schöner als je zuvor.
Die Ernte eingebracht,
die Hungerzeiten ebenso vorbei
wie die fetten Jahre.
Du lernst: Alles ist gut, wie es ist.
Es gibt nichts hinzuzufügen
und nichts wegzunehmen.
Und du weißt, es ist nicht Schwäche
oder Gleichgültigkeit,
die dich so denken lässt.

Wenn das Notwendige getan
und das Überflüssige verworfen,
wenn das Zuviel verschenkt
und das Zuwenig verschmerzt ist,
wenn alle Irrtümer aufgebraucht sind,
kann das Fest des Lebens beginnen.

Wolfgang Poeplau[30]

Teil 3

Erfahrenes Alter

Dialog zwischen Luisa und Binda

Der Dialog zwischen Luisa, die im Altenheim lebt und in ihrer letzten Zeit noch eine besondere Erfahrung macht, und Binda, einer Frau in mittleren Jahren, ausgefüllt von Familie und Beruf, enthält Fragen nach einem sinnerfüllten Alter, nach Sterben und Tod. Mögliche Antworten ergeben sich aus der Zwiesprache zwischen den beiden Frauen. Der Dialog zeigt Unterschiede zwischen Schicksalen und Generationen, weist auf die Wichtigkeit von lebendigen Vorbildern hin und lässt auf Wandlung selbst im letzten Lebensabschnitt hoffen.

Binda

Ich bin in dem Alter, wo die Wahrheit ins Bewusstsein einzusickern beginnt, dass unser Leben endlich ist. Gewusst hat man es schon immer, aber fürs eigene Leben hat es nicht so richtig gegolten. Zwar habe ich meine Eltern ziemlich früh verloren. Der Abschied tat weh, aber ich war jung damals, ich war eben am Ausschöpfen meines Lebens. Ich bin auch jetzt noch sehr eingespannt in Familie und Beruf, doch der Horizont zeichnet sich ab, immer wieder einmal.

Dem Alter begegne ich, wenn ich eine Verwandte besuche, die im Altenheim lebt. Dort habe ich Luisa kennen gelernt. Sie fiel mir auf, weil sie sehr wache Augen hatte in ihrem knochigen Gesicht, und weil sie sich kaum mit den anderen unterhielt. Sie sei eine Eigenbrötlerin, sagte meine Verwandte. Man komme nicht recht an sie heran. Mir gefiel Luisa. Sie hatte einen eigentümlichen Gang. Es sah aus, als ob sie mit jedem Schritt abheben möchte und etwas Unsichtbares sie gleich darauf wieder fest zur Erde niederzöge. Ich habe nur wenig mit ihr gesprochen. Wir begegneten uns einmal im Korridor zum Essraum. Sie musterte mich genau und sagte: »Sie schreiben also?« Es war mehr eine Feststellung als eine Frage. Meine Verwandte hatte offenbar geplaudert über mich. »Ja«, sagte ich und wartete. Es kam aber nichts mehr; nur ein scheues Lächeln huschte über ihr Gesicht. Dieses verstohlene Lächeln hat sie mir ein paar Mal geschenkt. Es war wie ein heimliches Band zwischen uns.

Ungefähr ein halbes Jahr lang konnte ich keinen Besuch machen im Altenheim. Beim nächsten Mal erfuhr ich, dass Luisa gestorben war. Es machte mich betroffen, obwohl ich ihr nur selten begegnet bin. Zu meiner Überraschung gaben mir die Pflegerinnen ein Paket mit meinem Namen darauf und dem Vermerk »Persönlich«. Luisa hätte gewünscht, dass es in meine Hände käme.

Im Paket fand ich einen verschlossenen Briefumschlag, auf dem »Frau Binda W.« stand. Ich öffnete ihn. Ein Blatt mit wenigen Zeilen lag darin:

»Sehr geehrte Frau W., ich hinterlasse Ihnen das Heft, weil ich möchte, dass jemand erfährt, was ich aufgezeichnet habe. Ich möchte nicht schweigend ins Grab nehmen, was ich in meiner letzten Zeit Kostbares erlebt habe. Ich möchte es mitteilen.

Wenn Sie es erhalten, bin ich gegangen.

Danke für den freundlichen Blick, den Sie mir immer gegeben haben.

Ihre Luisa Rechsteiner«

Neugierig geworden, öffnete ich das Heft und begann zu lesen. Zuerst kam ein kurzer Lebensbericht, den ich zuerst einmal überflog. Danach folgten Einträge aus ihrer Altenheimzeit, die mich fesselten in ihrer Offenheit und Genauigkeit. Das hatte also hinter der unzugänglichen Fassade gesteckt: eine sensible alte Frau, die schwere Schicksalsschläge hinnehmen musste, die gelernt hatte, alleine damit fertig zu werden, und die sich allmählich in sich selbst zurückgezogen hatte. Was war wohl das Kostbare, das sie zuletzt erlebt hatte? Sie, in ihrem gleichförmigen Altenheim-Alltag?

Ich kam in Versuchung, ihre Einträge von hintenher zu lesen, aber ich zwang mich, die gegebene Reihenfolge einzuhalten. Schritt für Schritt wollte ich Luisa begleiten.

Die Einträge in ihrem Heft berührten mich mehr und mehr; ich begann innerlich darauf zu antworten. So entstand der Dialog zwischen mir und der toten Luisa, der mir manchmal wie ein Zwiegespräch mit einer lebendigen Person vorkam. Er hat mir geholfen, eine neue Sicht auf das noch vor mir liegende Leben zu gewinnen.

Hier schiebe ich den knappen Lebensbericht von Luisa auf den ersten Blättern ein:

Luisa

Jetzt bin ich alt. Ich: Luisa Filippa Rodeo. Und ich will meinem Alter eine Stimme geben. Mein Leben lang habe ich geschwiegen, immer im Glauben, dass mich niemand hört. Jetzt will ich – zum ersten – und letzten Mal – laut werden. Ich möchte, dass Ihr mich hört.

Eigentlich heiße ich gar nicht Luisa Filippa Rodeo,

sondern Luise Rechsteiner. Rechsteiner nach dem Mann, den ich einmal geheiratet habe, und Luise nach meiner Großmutter, die eigentlich meine Großtante war. Jetzt bin ich fast so alt wie sie, als sie starb. Dabei war ich als Kind überzeugt, nicht älter als achtundzwanzig Jahre zu werden. Just mit achtundzwanzig entdeckte ich auf meinem Kopf das erste weiße Haar. Ich lachte und riss es aus. Ich lachte und vergaß es. Ich lebte weiter.

Rechsteiner war meine erste Liebe. Wir trafen uns in Kornfeldern, auf Spätsommerwiesen und im Heu. Es war ein seliges Geheimnis – bis ich schwanger wurde. Rechsteiner hatte gesagt, er würde verhüten, aber es klappte nicht. Ich wollte das Kind nicht hergeben. So rutschte ich in die Ehe.

Rechsteiner war älter, er verdiente das Geld; ich war abhängig, ich hatte das Kind. Er sagte: »Einer Frau will ich befehlen können, mach dies oder das. Ich erwarte, dass sie es tut.« Ich passte mich an, ich machte den Kaffee, wie er ihn haben wollte. Ich kochte für seine Geschäftsfreunde und hörte mir seine Theorien über das Verhältnis von Mann und Frau an. Es dauerte lange, bis ich entdeckte, dass er eine Geliebte hatte.

Der Schmerz machte mich stumm. Am liebsten hätte ich ihn umgebracht. Aber das machst du nicht, wenn du ein Kind hast. Ich wenigstens nicht. Ich habe mich aufgerafft und Arbeit gesucht, um mich und das Kind ernähren zu können. Rechsteiner drohte, mir das Kind wegzunehmen. Er sagte, ich sei nicht mehr die Frau, die er geheiratet habe. Da hatte er Recht. Ich ließ mir von ihm nichts mehr befehlen.

Nachdem ich mich von Rechsteiner getrennt hatte, nannte ich mich Luisa. Das war klangvoller und weniger altmodisch wie Luise. Und Rodeo wählte ich, weil mir Schaureiten immer gefallen haben. Weniger der Männer als der ungebärdigen Tiere wegen, die keinen Sattel dulden wollten. Und Filippa hängt mit meinem Großvater Philipp zusammen, der das schwarze Schaf der Familie war, weil er sich bei Nacht und Nebel nach Amerika abgesetzt hatte. Er habe die Zänkereien zwischen Mutter und Frau nicht mehr ertragen. In der Folge musste seine Frau arbeiten gehen; die drei Kinder wurden in der Verwandtschaft verteilt. Meine Mutter wuchs bei ihrer Tante Luise auf, und Luise, die selbst keine Kinder hatte, wurde meine Großmutter. Ich habe sie als zielstrebige und mutige Frau in Erinnerung, die gut allein leben konnte im Alter.

Meinen Großvater Philipp habe ich lange für einen Verräter gehalten, bis ich herausfand, dass ich ihn als Vorbild nehmen kann. Als Vorbild dafür, dass man ein unerträgliches Familienklima auch verlassen kann.

Ich habe viel gearbeitet in der Zeit nach meiner Ehe. Rechsteiner hatte kein Geld. Zweihundertfünfzig Franken im Monat könne er für das Kind bezahlen. Es gab Leute, die zu mir sagten: »Du bist dumm. Lass dich nicht so abspeisen!« Ich hätte aber lieber auf dem Fußboden geschlafen, als länger von ihm abhängig zu sein. Nächtelang habe ich Material hergestellt für meinen neuen Beruf als Sprachtherapeutin. Heute kann man alles Material kaufen. Ich habe es gerne selber gemacht. Nur war ich zeitweise völlig erschöpft.

Das Kind konnte nicht verstehen, warum wir plötzlich allein oben am Berg wohnten, ohne Papa, ohne Hund, ohne Auto.

Es ging ihm nicht gut, dem Kind. Es war von Anfang an kränklich gewesen. Ein Jahr nach unserer Trennung starb es. Bevor es hinüberging, malte es einen Regenbogen. »Das ist die Brücke«, sagte es. Ich nahm es in die Arme und hielt es fest. »Schau, das Hildi und der Hans holen mich ab«, hauchte es und hatte ein leuchtendes Gesicht. Es sah das alte verstorbene Paar, frühere Nachbarn, die es geliebt hatten wie ein Enkelkind. Ich werde keine Enkel haben. Es ist besser so. Der Ast, dessen Zweig ich bin, verdorrt mit mir. Das Leid von Generationen hört damit auf.

Ich weiß nicht, was ich noch erzählen soll. Ein ganzes Leben erzählen ist schwierig. Es passiert so viel, dass man es kaum fassen kann. Ich werde langsam blind. Aber ich höre noch: Musik, Stimmen, Vogellaute. Die Welt spricht zu mir. Ich werde nicht mehr lange antworten.

Einen Satz will ich an den Schluss stellen, jetzt, da ich sehr alt bin:

Ich bin froh, dass ich gelebt habe.

Binda

Als ich diesen Lebensbericht gelesen hatte, schrieb ich Luisa spontan einen Brief.

Liebe Luisa,

ich sage von Anfang an du zu dir, auch wenn du es zu Lebzeiten vielleicht nicht gewollt hättest. Durch deine Aufzeichnungen komme ich dir aber zu nahe, um das förmliche Sie aufrechterhalten zu können. Und ich rede dich mit deinem Wunschnamen an: Luisa.

Ich bin jetzt am Lesen deiner Blätter. Ich verstehe allmählich, warum du mich ausgewählt hast. Ich soll deine Geschichte aufnehmen, mich einfühlen in sie. Du hältst sie ziemlich kurz, gibst nur gerade so viele Eckpunkte preis, um zu verstehen, dass du gegen die Abhängigkeit von einem Mann gekämpft hast und ihr trotzdem zeitweilig verfallen bist, dich frei und wirtschaftlich unabhängig gemacht und einen hohen Preis dafür gezahlt hast.

Meine erste Reaktion ist: Wie konntest du dies Leben durchhalten? Woher hattest du die Kraft, dich zu befreien, die schweren Schicksalsschläge zu ertragen, den Tod deines Kindes hinzunehmen? Du schreibst es selbst: Du hattest Vorbilder unter deinen Ahnen. Die Großmutter, der Großvater haben dir gezeigt, wie man sein eigenes Leben gestalten kann, und dass man es darf. Es muss aber auch eine eigene große Kraft in dir selbst liegen.

Meine zweite Reaktion: Wie viel besser habe ich es gehabt in meinem Leben! Gut, ich bin später geboren als du. Da war es bereits selbstverständlich, dass ich als Mädchen eine Ausbildung machen konnte und dass ich meinen Beruf wählen durfte. Beide Eltern haben mir den Weg geebnet in die Berufswelt. Auch wenn sie später nicht mehr zusammenlebten, haben sie mir doch das Modell einer Familiengemeinschaft gegeben, in der die Eltern sich gegenseitig respektieren und auch die Kinder respektiert werden.

Ihre Trennung war schmerzlich für uns. Sie traf uns erst im Erwachsenenalter, mich, als ich schon in der Beziehung zu Arwin verankert war und einsehen konnte, dass meine Eltern besser für sich alleine lebten, weil sie sich im Alltag zu sehr aneinander rieben und zu verschiedene Interessen hatten. Sie standen sich danach nicht feindlich gegenüber; sie haben sich, als sie älter waren, ab und zu getroffen, um ein Spielchen zusammen zu machen.

Arwins Eltern dagegen sind ein richtig unzertrennliches Altenpaar. Sie unternehmen nichts ohne einander. Sie kauen sogar im selben Takt, was mich insgeheim lachen macht.

Ich hoffe, dass Arwin und ich einen Mittelweg finden, dass wir uns auseinander setzen können, ohne uns zu trennen, und nicht anfangen, aneinander zu kleben. Ich hoffe, dass wir auch im Alter noch zusammen sind.

Luisa

Ich bin in den bleiernen Brunnen der Zeit gesunken. Dumpf fallen die Stunden hinein, bis auf den Grund. Dann bleibt es lautlos still bis zum nächsten Schlag.

Ich habe keine Zukunft mehr. Der Horizont ist vorgezeichnet. Weißt du, was noch kommt? Es gibt keine Ziele mehr, nicht so wie früher, wo du dir etwas vornimmst und darauf zugehst. Ich gehe auf den Tod zu. Einzig diese Sicherheit habe ich.

Binda

Diesen Eintrag hast du nach deinem Eintritt ins Altenheim gemacht, Luisa.

Wie musst du dich gefühlt haben – es klingt wie ausgesetzt, verbannt aus dem Leben in die Einsamkeit. Du sprichst von einem bleiernen Zeitgefühl, als ob die Stunden wie schwere Kugeln an dir hängen würden. Wenn ich dagegen vergleiche, wie schnell die Zeit in meinem Leben vergeht! Sie ist so ausgefüllt, dass es immer zu wenig von ihr gibt. Ich bin für Arwin und die Kinder da, schreibe für meine Zeitung, versuche den Haushalt nebenher zu machen, lade Gäste ein, treffe Freundinnen, gehe ins Kino, in Ausstellungen und und und ... Mein Tag sollte zweiunddreißig Stunden haben. Und du sitzt da und wartest auf den nächsten Stundenschlag!

Luisa

Gestern ist eine Neue eingetreten ins Heim. Sie ist ein bisschen rundlich, aber es scheint ihr wenig auszumachen. Sie scherzt sogar darüber und sagt bei Tisch: »Ich muss aufpassen, dass man mich nicht nächstens rollen kann.« Und langt noch einmal zu. Etwas mehr Beherrschung könnte ihr nicht schaden. Ihr Mann sei gestorben, habe ich gehört. Weil sie ein Rückenleiden hat und den Haushalt nicht mehr alleine machen kann, ist sie hierher gezogen.

Ich bin froh, dass ich nicht mehr abhängig bin von einem Mann, auch körperlich nicht. Ich tue mir selber wohl, so kann ich ganz in meinem Rhythmus bleiben, mich steigern oder verlangsamen, wie ich es brauche. Nur für mich selbst, ohne Rücksicht auf jemand anderen.

Binda

Du überraschst mich, Luisa. Eben klangst du noch völlig deprimiert, nun sprichst du plötzlich ein Thema an, von dem ich glaubte, dass es für dich keines mehr ist. Nun ja, ich kann verstehen, wovon du sprichst. Es ist nicht immer leicht, mit einem Mann zusammenzuleben. Auch die Sexualität bereitet nicht dauernd dieselbe Freude. Und doch – wenn ich daran denke, wie Arwin mich in den Arm nimmt und ich anschwelle, bis ich zittere vor Erregung, wie er zärtlich eindringt und ich wollüstig stöhne – das ist alles so wundervoll, dass ich es nicht missen möchte. Wir kennen einander so lange, sind so vertraut mit unseren Körpern! Selbst wenn es im Alter weniger werden sollte, hoffe ich, dass wir uns körperlich nie ganz verlieren. Ich kenne ein Paar – sie ist vierundsechzig, er fast achtzig –, die noch Liebe machen miteinander. Sie sagen schmunzelnd: Wir schmecken uns immer noch!

Luisa

Neulich hatte ich im Morgengrauen einen spontanen Orgasmus wie früher, als es mich alle paar Tage überwallte vor Lust. Ein schönes Wachwerden ist es, wenn du noch im Halbschlaf merkst, du bist auf der Bahn, dein Körper hat die Zügel übernommen und führt dich geradewegs in den Lustgarten, wo du dich selbst umarmst, dich den Wellen des Körpers überlässt und mit Himmel und Erde verschmilzt. Dieses Hingegebensein, Einssein mit dir, dem Körper vertrauen, ohne Anstrengung das Geschenk der Lust zu bekommen! Nicht, dass ich es dauernd ersehne; ich vermisse es nicht, wenn es nicht da ist. Die Lust ist weniger präsent als in jungen Jahren. Aber ich genieße es in vollen Zügen, wenn es erscheint.

Binda

Ach, Luisa, von deiner abweisenden Kargheit ausgehend, habe ich angenommen, dass du der körperlichen Lust abhold bist. Dein voriger Eintrag hat mich schon eines Besseren belehrt; nun berichtest du aber so offen von deiner sexuellen Erfahrung, dass ich ein bisschen beschämt bin über meine Vorstellungen von allein stehenden Alten. Ohne es zu merken, bin ich einem Klischee aufgesessen, das besagt, ältere Frauen hätten keine sexuellen Gefühle mehr oder sie sollten sich dafür schämen. Bei alten Männern lautet das Klischee, sie würden nach jungen Mädchen schielen, aber eben, es bliebe beim Schielen. Etwas war immer schief mit der Sexualität im Alter.

Mit meiner Mutter konnte ich über das Thema nicht reden. Sie war viel zu prüde erzogen worden. Außerdem wäre ein solcher Austausch ihrem Gefühl nach für meinen Vater zu viel gewesen. Ich weiß genau, dass meine Eltern der Meinung waren, als Frau teile man seine Sexualität zum ersten Mal mit dem Mann, den man heiratet, und das in der Hochzeitsnacht. Ob sie selbst diese Regel befolgt oder sich ein Hintertürchen offen gelassen haben? Ich weiß es nicht. Sicher ist, dass ich vor ihnen verbergen musste, wie viel Lust Arwin und ich schon vor unserer Heirat geteilt haben. Damals war es die wilde Lust, die aus der Fremdheit stammt, wo die Beziehungsfallen noch nicht greifen und das Neue, Entdeckungswürdige wie ein Rausch über einen herfällt. Heute sind unsere sexuellen Begegnungen nicht mehr so stürmisch. Sie haben sich gewandelt zu einem tief vertrauten Zusammensein. Hinzugekommen ist eine Innigkeit, die früher nicht da war. Wir haben auch Wüstenzeiten gehabt, wo wir uns nicht mehr trafen: als Arwin nur noch seine Arbeit im Kopf hatte und ich mit den Babys beschäftigt war. Und, ganz schlimm, als wir uns beide anderweitig verliebten. Da habe ich manchmal nur noch den Ausweg gesehen, uns zu trennen. Aber wir haben durchgehalten und bewegen uns heute in ruhigeren Gewässern.

Luisa
Die Neue heißt Viola. Sie hat ihr Zimmer neben mir. Schon nach einer Woche hat sie mir das Du angetragen. Sie hat allerdings nicht darauf bestanden, als sie mein Zögern bemerkte. Ich bin nicht für schnelle Annäherungen. Sie hat eine ganz andere Art. Den alten Herrn Keller, der nicht mehr gut hört, hat sie einfach angefasst, als er nicht auf das reagierte, was sie zu ihm sagte. Er hat gestrahlt, und sie haben sich gut unterhalten. Merkwürdig, wie man so direkt sein kann!

Ich gehe lieber allein im Garten spazieren. Bei meinem Gehen-und-jeden-Schritt-Spüren heute habe ich etwas Ungewohntes erlebt. Ich gehe immer von der Eiche zur Buche, zur Ligusterhecke; jeden Tag dasselbe. Die Schritte habe ich gespeichert; ich brauche sie nicht zu zählen. Heute blieb ich am Ende meines Gehwegs einen Moment stehen und sah durch das Heckengrün ein kleines Gesicht mit neugierigen Augen. Ein Junge von fünf bis sechs Jahren – husch, wäre er weg gewesen, wenn ich mich geregt hätte. Ich bewegte mich nicht, bis er standhalten konnte, und ging dann langsam auf ihn zu, wie man sich einer scheuen Katze nähert, ohne Worte, aber innerlich sprechend: »Brauchst keine Angst zu haben, ich tue dir nichts!« Er begriff, wie Kinder und Katzen begreifen. Dann platzte er heraus: »Bist du eine vom Altenheim?« Ein kleiner Stich – so sprechen sie bei ihm zu Hause von »denen da drüben«. »Ja, ich lebe im Altenheim. Und du?« »Schau, ich habe ein Fahrrad bekommen zum Geburtstag.« Ich konnte es über die Hecke hin sehen, eines dieser modernen Mountainbikes, mit solidem Rahmen und breiten Reifen. Strahlend blau stand es da. »Wie viele Gänge hast du?« »Zehn«, sagte er stolz und setzte vertraulich hinzu: »Die engen Kurven kriege ich noch nicht, aber ich übe jeden Tag.« Er flitzte davon.

Ich blieb noch ein wenig stehen. Seltsam, dieses kleine offene Gesicht mit den klaren Augen berührt mich irgendwo weit drinnen. Ich erkenne, dass die Wunde, die der Tod meines Kindes mir geschlagen hat, verheilt ist. Die Narbe gibt noch einen Widerhall, aber nicht mehr verzweifelt wie früher, eher mit sachter Wehmut. Es ist, als ob etwas Neues aufblühen würde aus dieser verletzten Stelle: die Freude am Leben, das weiterwächst, auch wenn es nicht an meinem Stamm ist.

Binda

Oh, Luisa, was schreibst du da? Ich habe mich öfters gefragt, wie man den Tod eines Kindes überleben kann und gebetet, dass mir dieses Schicksal erspart bleibt. Du hast es erlebt, und es war dein einziges Kind. Ich kann mir vorstellen, dass du viele Jahre lang vor Schmerz erstarrt warst, obwohl du äußerlich funktioniert hast. In deinem

Inneren hat sich wohl eine vereiste Stelle gebildet, die durch nichts geschmolzen werden konnte, auch nicht durch deine eigenen Tränen. Die hast du wohl vertrocknen lassen und bist weitergegangen. Arme Luisa! Mit einer abgestorbenen Stelle im Innern kann man nicht voll leben. Und jetzt, im Alter, bist du weich geworden und kannst ein fremdes Kind als Zeichen der Hoffnung für das unbesiegbare Leben annehmen. Das bewundere ich, Luisa.

Luisa

Viola ist ziemlich hartnäckig. Wir duzen uns jetzt doch. Sie hat mich auf einen Kaffee eingeladen in ihr Zimmer. Sie hat mir erzählt, dass sie schwer über den Tod ihres Mannes hinwegkommt. Manchmal überfällt sie der Schmerz so tief, dass sie sich nicht getraut zu weinen, aus Angst, sie könne nicht mehr aufhören. »Ich muss die Trauer in Portionen kommen lassen«, hat sie gesagt und tapfer gelächelt dabei. Und: »Es ist gut, wenn man nicht allein ist mit seinem Kummer.« Zum Glück hat sie mich nicht im Geringsten ausgefragt. Es war ein angenehmes Zusammensein, wie ich es kaum kenne.

Mit anderen Leuten ist es nicht so einfach. Ich weiß, dass wir für die Nachbarschaft »die vom Altenheim« sind. Als ob man aussätzig wäre! Gut, ich will mit »denen von drüben« auch keinen Kontakt haben. Kindisch? Trotzig? Vielleicht. Ich brauche das Gefühl von Willkommensein, sonst kann ich nicht auf jemanden zugehen.

Es ist mir selber schwer gefallen, ins Altenheim zu ziehen, die Unabhängigkeit in meinen vier Wänden aufzugeben. Aber die Treppen waren zu steil geworden, das Einkaufen zu mühsam, den Schmutz habe ich nicht mehr gut genug gesehen. Die Mühsal der alltäglichen Verrichtungen ist mir im Altenheim abgenommen. Es wird geputzt, gekocht, gewaschen, eingekauft. Dem trauere ich nicht nach. Gekocht habe ich nie besonders gern; Haushalten war mir immer mehr Pflicht als Vergnügen. Das Eingewöhnen jedoch in den nicht von mir festgelegten Tagesablauf, die Kontaktpflicht, der Spiegel meines eigenen Alters in den furchigen Gesichtern um mich her, die schlurfenden Schritte meiner Mitbewohner, das alles zu ertragen ist mir am Anfang schwer gefallen.

Zum Glück habe ich meine Zelle für mich und das Gehen im Garten. Weiter weg traue ich mich nicht. Ich bin etwas unbeholfen geworden, habe Angst vor den hohen Trittbrettern der Straßenbahn, den unbarmherzig sich schließenden Türen, die mir meine Langsamkeit übel nehmen.

Zu meiner unerschöpflichen Freude habe ich noch meine Ohren. Ich kann Musik hören, Tag und Nacht. Ich habe mir einen teuren Kopfhörer geleistet, dessen breiter Bügel über meinem Kopf liegt und meine Ohrmuscheln nicht drückt. Damit kann ich versinken ins Klangreich. Das sind meine Kathedralenerlebnisse wie damals in der Sacré-Coeur in Paris, als ich eine Fuge von Max Reger auf der Orgel hörte, brausend und ein vibrierendes Echo erzeugend in meinem ganzen Körper. Da ist Fülle, unendliche Fülle.

Binda
Du hast dich ein wenig geöffnet für den Kontakt mit deiner Nachbarin, Luisa. Sie scheint das richtige Maß von Spontansein und Dichlassen zu haben, damit du dich nicht sofort wieder zurückziehst. Das freut mich. Ich bin auch froh, etwas von dem zu erfahren, was dein Leben erfüllt, es nicht nur erträglich macht. Ohne das kann ein Mensch doch nicht existieren. In der Oase der Musik fühlst du dich wirklich aufgehoben.

Luisa
Mir ist seit einer Weile immer wieder schwindlig. Ein schwammiges Gefühl legt sich um meinen Kopf, der Boden wird mir weggezogen unter den Füßen. Es befällt mich, seit ich eine Schifffahrt gemacht habe, im Spätsommer, mit einem der beiden Raddampfer, die wir auf unserem See haben. Ich wollte den Rundgang auf der Insel noch einmal machen, wo Rechsteiner und ich vor Jahrzehnten Hochzeit gefeiert hatten.

Die Bauernwirtschaft mit dem Kastaniengarten war diesmal geschlossen, kaum jemand verließ das Schiff – so hatte ich die Insel für mich. Es war noch warm, das Gras schon ein bisschen feucht, die Trauben des kleinen Rebbergs am Reifen. Ich ging den Weg am Wasser entlang, über knorrige Wurzeln, an bizarren Baumstrünken vorbei. Es war keine Bitterkeit in mir, nur ein wenig Trauer, als ich die Schädel hinter dem vergitterten Fenster bei der Kapelle sah.

Die Verse aus *Huttens letzte Tage* kamen mir in den Sinn:

Leb wohl! Gib frei! Leb wohl! Ich spring ins Boot ...
Fährmann, ich grüße dich! Du bist – der Tod.

Vielleicht kommt der Tod schwindelerregend zu mir? Was weiß ich, auf welche Weise er sich nähert: über eine Krankheit, ein Herzversagen ... Ich fange an, Abschied zu nehmen.

Binda

Du hast offenbar mit niemandem über deine Beschwerden gesprochen, Luisa. Du erwähnst keine Medikamente. Ich könnte mir vorstellen, dass du auch darin eigensinnig und ablehnend warst und keine fremden Einflüsse in deinem Leben dulden wolltest.

Luisa

Heute morgen waren sie wieder da, die finsteren Vögel der Mutlosigkeit und des Aufgebenwollens. Schwarzlappig legen sie ihre Flügel über mich. Wenn ich nicht mein Lebtag am Morgen aufgestanden wäre, würde ich liegen bleiben und zu Schwester Hanna sagen: »Lassen Sie mich bloß in Ruhe!« Ich werde es nicht tun, schon weil ich nur kreischen könnte. Ich will nicht als die Übergeschnappte dastehen.

Es hat mich grenzenlose Überwindung gekostet, aus meinem Zimmer zu gehen und an die Türe von Viola zu klopfen. Zum Glück war sie da. Ich konnte nichts anderes sagen als: »Es geht mir nicht gut.« Sie hat gar nicht viel gesprochen, hat nur still mit mir dagesessen, eine ganze Weile. Dann habe ich ein Bild entdeckt an der Wand: eine klare Landschaft mit einem mächtigen Berg in der Mitte. Viola war meinem Blick gefolgt und nickte. »Das ist ein Foto aus dem Engadin, wo wir früher viel gewandert sind, mein Mann und ich. Der Berg heißt Piz Margna. Ich habe immer gesagt, er sieht aus wie der Sessel des lieben Gottes. Mein Mann hat mich deswegen ausgelacht. Ich bin froh um das Bild, weil es mich verbindet mit den guten Erinnerungen.«

Binda

Von dieser Aufzeichnung an weiß ich, was du mir mitteilen wolltest durch deine Blätter, Luisa. Du hast dich durch deine Nachbarin aus dem Turm deiner Einsamkeit locken lassen. Vorher hast du kaum von einer menschlichen Begegnung gesprochen, als ob deine Mitbewohnerinnen, die Pflegerinnen, Besucher dir gleichgültig wären. Als ob die täglichen kleinen Freuden, die das Leben aufhellen – eine gute Tasse Kaffee, eine Pflanze, die zu blühen beginnt, ein spannendes Buch –, dir nichts bedeuten würden. Du schienst in deiner Einsamkeit und deinem Gram völlig zu versinken, unfähig, Hilfe anzunehmen in deiner Verschlossenheit. Dass du dabei manchmal deprimiert warst, kann ich verstehen, Luisa. Wenn ich mir vorstelle, ich lebte im Altenheim, in einem kleinen Zimmer, umgeben von wenigen Möbeln aus meinem Hausrat, mit ein bis zwei Bildern und ein paar Büchern, vielleicht in meinen Bewegungen behindert, vielleicht unter chronischen Schmerzen leidend, dann wird mir auch eng. Wahrscheinlich wäre ich übellaunig und nörglerisch. Wenn ich aber an Viola und ihre Engadiner Landschaft denke, verstehe ich, wie man ein Stübchen im Altenheim weit machen kann.

Luisa

Wenn ich schlecht schlafe, von dunklen Träumen geplagt bin oder mein Knie spüre, bin ich froh, aufzuwachen. Im Morgengrauen finde ich mich langsam zurecht in meinem Zimmer, weiß, wo das Bett steht und wo das Fenster liegt. Die vielen Betten und Zimmer, in denen ich gelebt und geschlafen habe, geraten mir manchmal durcheinander. Ich bin froh, dass ich hier weiß, auf welcher Höhe der Lichtschalter liegt, wie viele Schritte es braucht vom Bett zur Türe, auf welcher Seite die Türklinke angebracht ist. Ich sitze eine Weile auf dem Bettrand und lasse mir Zeit, bis das Nachtgebräu sich gesetzt hat. Ich mache mir nichts vor. Das Dunkle, der Schatten meines Lebens, läuft als zweite Spur neben mir her, zieht sich am Tag zurück und überfällt mich nachts. Was ist es eigentlich? Die Ängste, das Leid, die Wunden des Lebens, das Wissen um den Tod. Ja, vor allem das. Die Endlichkeit. Das große Aus. Und warum gebe ich nicht auf, gehe weiter durch meine Tage? Weil etwas in mir ist, das sich anfühlt wie ein zähes Gewächs, etwa ein Buchsbaum mit seinen ledrigen Blättern, das allen Angriffen trotzt und tief unten wurzelt, im Urgrund des Lebens. Dieser Urgrund ist unerschöpflich. Er vergeht nicht, selbst wenn ich sterbe.

P.S. Heute nacht habe ich im Traum den Buchsbaum umarmt, den ich mir zum vierten Geburtstag gewünscht habe. Er stand in meinem Gärtlein und durfte nicht beschnitten werden; ich habe mich rabiat dagegen gewehrt. Im Traum hat er mich gesehen und gehört; ich fühlte mich zutiefst erkannt. Er hat mir auch eine Botschaft gegeben: Du darfst wachsen! Sogar dem Tod entgegen wachse ich.

Binda

Ich war ein bisschen enttäuscht, Luisa, als ich diesen Eintrag las. Ich hatte gehofft, dass du den Weg zu deiner Nachbarin immer öfter finden würdest in deinen dunklen Stunden. Wahrscheinlich bist du zu sehr gewöhnt, mit deinen Stimmungen alleine fertig zu werden, oder du nimmst nur in tiefster Not Kontakt auf. Immerhin hast du mir jetzt die Quelle deiner Kraft enthüllt, die dich am Leben erhält. Ich ahne, wie tief sie reicht. Ich spüre diese Verbindung auch zu meinem Urgrund. Für mich ist sie fragloser, weniger gefährdet, scheint mir, weil mein Leben bis jetzt geradliniger verlaufen und weniger karg ist als deines.

Luisa

Heute habe ich etwas Verrücktes gemacht. Ich habe mir eine Taxe bestellt, eine Alterstaxe, versteht sich; ich habe ja wenig Geld, die staatliche Altersrente und etwas Erspartes. Ich bin zum Hutladen gefahren, an der Ecke des Ostbahnhofs, und habe mir einen Hut gekauft, einen großen, roten, ausladenden mit einem Satinband auf der Krempe. In einer Hutschachtel verstaut – früher reisten wir noch mit Hutschachteln, ich habe gar nicht gewusst, dass es das noch gibt, aber das Hutgeschäft hat seine Qualität bewahrt und bedient comme-il-faut – habe ich das Monstrum heimgebracht und vor dem Spiegel probiert. Den Schlüssel habe ich vorher umgedreht; ich brauche keine Zuschauer bei meiner Verrücktheit. Nur Viola zeige ich ihn vielleicht.

Dann habe ich die Schachtel unter dem Bett verstaut. Von Zeit zu Zeit werde ich sie hervornehmen, den Hut aufsetzen und mir weitere Verrücktheiten einfallen lassen. Und seien es nur geträumte.

Binda

Endlich, Luisa, da ist sie, diese Qualität, auf die ich bis jetzt in deinen Notizen gewartet habe: dieses ungebärdige Die-Nase-in-die-Luft-Halten, Aus-dem-Geleise-Scheren. Deine Unbeugsamkeit ist mir aufgegangen, deine Selbstgenügsamkeit, deine Verletzlichkeit – und jetzt begegne ich deiner Eigenwilligkeit, der Verrücktheit, wie du es nennst, die du wohl immer wieder unterdrückt hast, um nicht gemieden und ausgestoßen zu werden. Es freut mich, dass du jetzt zu ihr stehen kannst, wenn auch nur heimlich. Ob du das rote Prachtexemplar Viola gezeigt hast? Ich stelle mir euch beide vor, wie ihr abwechselnd den Hut aufsetzt und euch begutachtet. Vielleicht habt ihr sogar gekichert und euch dabei amüsiert!

Du hast mir allerdings einen Stoß gegeben – wo ist die Verrücktheit in meinem Leben geblieben? Als junge Frau war ich verrückter. Ich hätte die Welt für einen Mann in die Luft gesprengt, ich bin nächtelang gewandert im Mondschein, habe in Höhlen übernachtet, bin allein nach New York geflogen: Lauter Angst überschreitende Feuerproben habe ich mir zugemutet. Und heute? Bin ich zahm geworden im Alltagsgefüge mit Familie, Beruf, Haustieren und Zimmerpflanzen? Die Vernunft regiert über meinen verrückten Teil. Sie sagt: »Das kannst du dir nicht erlauben. Du musst morgen früh ausgeruht sein ...«

Wie lange liegt meine letzte Verrücktheit zurück?

Luisa

Ich fühle mich nicht mehr so allein hier, seit Viola da ist. Aber ob ich mit ihr sprechen könnte über *das*? *Das* ist schwer mit Worten anzugehen; es braucht Zeit, um sich heranzutasten, weil es mit dem Geheimnis von Leben und Tod zu tun hat. Bis jetzt habe ich noch niemanden gefunden im Altenheim, mit dem ich hätte über *das* reden können. Die Gespräche hier drehen sich ums Essen, die Krankheiten, um die Kinder und Enkel. Es langweilt mich oft. Das Essen ist mir nicht so wichtig, ich bin Gott sei Dank gesund – außer meinem operierten Knie tut mir nichts weh – und bei der eigenen Familie kann ich nicht mitreden, weil beinahe alle schon gestorben sind. Mein letzter Bruder lebt in Kanada; wir haben sehr wenig Kontakt. Die gute Freundin, die ich noch hatte, ist letztes Jahr gestorben, ganz schnell, an einer Lungenembolie. Sie sah friedlich aus, die Tote. Offenbar war es Zeit für sie, zu gehen. Aber wann und warum geht ein Mensch? Das ist *das*, worüber ich mit jemandem sprechen möchte.

Ich habe mich getraut, *das* bei Viola anzusprechen. Sie war gar nicht erstaunt. Diese Fragen beschäftigen sie seit langem. Mit ihrem Mann hat sie ganz offen darüber reden können vor seinem Tod. Es hat sie zuerst Überwindung gekostet, weil sie nicht wusste, wie er es aufnehmen würde. Ihm war aber schon klar, dass er auf den Tod zuging; er hatte wiederum sie schonen wollen. Als sie schließlich vorbehaltlos miteinander sprechen konnten, meinte er: »Fünfunddreißig schöne Jahre zusammen – ist das nicht genug?« Dann hat er ihr erzählt, dass er bereits weite Reisen mache in andere Welten. »Ich schmecke ab und zu die Ewigkeit«, das waren seine Worte. Viola kamen die Tränen, als sie dies erzählte. Ich habe ihre Hand gehalten, bis sie sich beruhigte.

Wir haben danach lange gesprochen über unser eigenes Sterben, wie wir es uns vorstellen und was wir uns wünschen, wenn es so weit ist. Ich habe sie gefragt: »Würdest du meine Hand halten, wenn ich gehe?« Sie hat »ja« gesagt. Nennt man einen Menschen, mit dem man solche Gespräche führen kann – eine *Freundin*?

Binda

Mich beschäftigen die Fragen nach Sterben und Tod noch nicht so dringend; ich habe genug zu tun, mit dem Leben zurechtzukommen. Ich bin aber sicher, dass ich Menschen kenne, mit denen ich darüber sprechen könnte. Bestimmt nicht mit allen, nicht einmal mit denen, die sterbenskrank sind. Eine Tante von mir hielt zum Beispiel bis zuletzt daran fest, dass es ihr im Sommer besser gehen würde. Nur wärmer müsste es wieder werden! Wir alle wussten, dass sie unheilbar krank war.

Ich habe es als schwierige Gewissensfrage erlebt: Soll ich versuchen, das Thema Tod anzusprechen? Erträgt sie es oder verliert sie die Hoffnung, die sie aufrecht hält? Denkt sie gar, ich würde ihren Tod herbeiwünschen? Sie selbst berührte das Thema nie, und sie ging auch nicht auf meine Versuche ein, es anzusprechen. So habe ich's gelassen und ihr noch zuliebe getan, was ich konnte. Ich war in ihrer letzten Nacht bei ihr. Bevor sie ging, sagte sie: »Du bist so lieb zu mir.« Ich hatte nicht das Gefühl, etwas versäumt zu haben. Ich selber möchte aber als Kranke auf jeden Fall Klarheit haben über meinen Zustand.

Luisa

Vor dem Tod selber habe ich keine große Angst mehr, nur so viel wie vor etwas gänzlich Unbekanntem. Mein Leben ist zu Ende, es war bitter-schön, gemischt halt wie wohl bei allen Leuten. Es gibt nichts mehr zu tun. Nicht, dass ich auf den Tod warte. Solange ich gehe, gehe ich, nicht zielbewusst wie früher, sondern schrittbewusst. Jeder Schritt ist ein Schritt; wohin er führt, ist unwichtig. Der Spielraum ist klein geworden; ich gehe von einem Ende des Gartens zum anderen und rings um das Haus herum. Ich gehe auch sehbewusst. Die Bäume sehe ich, das kleine Rosenbeet, die Wolken und die Berge. Ich sehe nicht mehr so gut, aber ich kann alles noch unterscheiden. Sehen kann ich noch weit, viel weiter als gehen. Wie lange ich noch gehe und sehe, weiß ich nicht.

Seit Viola mir gesagt hat, sie würde meine Hand halten beim Sterben, schreckt mich der Gedanke nicht mehr, dass ich vielleicht zuletzt allein sein werde. Ich war so viel allein in meinem Leben, dass ich mir vorstellen kann, auch dieses Geschäft allein zu Ende zu bringen. Am liebsten würde ich im Schlaf gehen, unbemerkt und leise.

Aber ich habe Angst vor dem, was vorher sein kann. Angst vor dem Gefühl, nichts mehr meistern zu können. Nicht mehr gehen, nicht mehr halten, nichts mehr bestimmen. Zerfallen bei lebendigem Leibe. Dumpf zu fühlen, was passiert, ohne eingreifen zu können. Ausgeliefert sein einem Geschehen, das nicht mehr in meiner Hand liegt. Davor habe ich große Angst.

Binda

Deine Gedanken kreisen mehr und mehr um das Lebensende, Luisa. Mir kommt es vor, als ob du in einen Wirbel geraten wärst, der dich nicht mehr loslässt und dich in seine Tiefe hineinreißt. Wie weit weg bin ich von solchen Gedanken! Wie fremd ist mir das Gefühl von Einschränkung! Mein Leben ist offen, ich habe Ziele, größere und kleinere, die ich mit etwas Anstrengung erreichen werde. Die Kraft dafür fließt mir aus einem inneren Reservoir zu. Es gibt noch viel zu tun in meinem Leben. Wenn ich überhaupt ans Sterben denke, ist bestimmt jemand bei mir von den Menschen, denen ich verbunden bin, und hält meine Hand. Ich stelle es mir vor wie ein Versinken in weißer Watte. Liebe Stimmen begleiten mich, bis ich nichts mehr höre.

Wovor ich hie und da wirklich Angst habe, ist der Tod eines meiner Kinder oder der meines Mannes. Aber wozu Gespenster sehen – weg mit dieser Angst!

Was mir beim Lesen von deinen Eintragungen in den Sinn kommt, Luisa, ist die Art und Weise, wie meine Eltern gestorben sind.

Papa war ein knappes Jahr krank. Der Krebs wurde

mehr zufällig entdeckt. Er saß im Magen: inoperabel, Chemotherapien dämmten ihn zurück. Papa ertrug die Beschwerden tapfer: Übelkeit, Schwindel, Kopfweh, Schwäche. Mama kümmerte sich rührend um ihn, aus alter Treue, obwohl sie nicht mehr zusammenlebten. Sie setzte auf Alternativheilmittel, machte alles ausfindig, was sie nur konnte. Papa unterzog sich, freilich ohne große Überzeugung, wie mir schien.

Eine Weile stand alles auf der Kippe, zum Guten wie zum Bösen. Papa hatte wieder Farbe im Gesicht, sein Haar war nachgewachsen, er konnte leichte Arbeiten im Garten verrichten. In dieser Zeit traf ich ihn zu einem längeren Spaziergang. Wir sprachen über alle Möglichkeiten für sein Leben. Er breitete die Arme aus und sagte: »Wenn das Leben noch eine Aufgabe für mich hat, bin ich bereit.«

Das Leben behielt ihm die Aufgabe vor, würdig zu sterben. Der Krebs hatte gestreut, in die Leber. Noch da hoffte Mama, pflegte ihn sorgsam, meditierte auf seine Gesundheit, bis die Schere zu weit offen stand zwischen ihren Hoffnungen und seinem Zustand. Als sie die Diskrepanz wahrnehmen musste, taumelte sie einen Moment lang. Ich hatte Angst um sie. Dann fasste sie sich und stellte sich auf das Unabänderliche ein. Papa war zu Hause. Eine Onkologieschwester kam jeden Tag für die Pflege. Er sagte zu mir: »Ich gebe mir noch sechs Wochen.« Einem Freund, der in Amerika lebte und ihn auf Geschäftsreise in zwei Monaten besuchen wollte, sagte er: »Dann ist es zu spät.« Der Freund kam früher; wir gingen noch alle zusammen essen. Papa war dünn geworden. Er konnte nicht mehr verdauen, freute sich aber an unserem Appetit.

Es war schwierig für mich, in seiner Gegenwart etwas zu mir zu nehmen. Ich ging ihn so viel wie möglich besuchen. In seinem Krankenzimmer war es still und hell. Wir schwiegen meistens. Mit Mama muss er noch stundenlang gesprochen haben, vor allem nächtens. Dann kamen die großen Schmerzanfälle aus den zerstörten Organen. Morphium. Papa hatte seinen Frieden gemacht mit dem Leben, mit dem Sterben. Bevor er starb, schaute er uns eindringlich an und sagte: »Ich gehe jetzt.«

Bei allem Schmerz war ich froh, dass er die letzte Minute bewusst erlebt hatte.

Meine Mutter starb zwei Jahre später, ganz anders als mein Vater. Eines Tages, es war ein klarer Septembermorgen, bekam ich einen Anruf, meine Mutter wäre im Krankenhaus, ich möchte bitte sofort kommen. Ich rief Arwin an, bat die Nachbarin, unsere Kinder nach der Schule zu sich zu nehmen, holte den Wagen aus der Garage und fuhr in die Klinik. Tausend Gedanken kreuzten sich in meinem Kopf: Was war geschehen? Sie war doch gesund gewesen bis vor ein paar Tagen, hatte nur über ein bisschen Schwindel geklagt? »Wie immer, ein bisschen klagen muss sein«, hatte ich gedacht und bereute es jetzt. Hätte ich ihre Klage ernster nehmen sollen?

Unruhig parkte ich vor dem Krankenhaus. Ich ging zur Anmeldung, erhielt eine Zimmernummer. Dort stand ein Arzt, der führte mich zu meiner Mutter – einer Toten. Sie wäre mitten im Plaudern mit einer Freundin zusammengesunken, hätte ein bisschen geächzt und wäre nicht wieder aufzurichten gewesen. Mir wurde eng in der Kehle. Der Arzt ließ mich taktvoll allein. Ich setzte mich neben meine tote Mutter, nahm ihre Hand und schaute ihr wächsernes Gesicht mit den geschlossenen Augen an. Mama, du – warum so plötzlich? Ohne Abschied? Ich hätte dich gerne begleitet, ich weiß, du warst oft allein, warst es schon neben meinem Vater. Vielleicht hast du es so gewollt. Aber sag mir noch etwas!

Ich schloss die Augen und sah ihren Blick innerlich liebevoll auf mich gerichtet. Da kamen mir die Tränen. Es war der kostbarste Augenblick, bevor die Administration des Todesfalles nach mir griff. Auf das Bestattungsamt gehen, einen Sarg auswählen, Kirche und Friedhof bestimmen, eine Pfarrerin finden, den Text für die Todesanzeige entwerfen, die Anzeige aufgeben, Adressen schreiben, die Briefe zur Post tragen, das Abschiedsessen organisieren ...

Dabei hätte ich nur Ruhe gebraucht, um meine Trauer zu spüren. Der Wirbel von Geschäftigkeit deckte sie zu. Vielleicht ist das auch gut, der Verlust schmerzt etwas weniger, wenn man wie betäubt funktioniert. Richtig weinen um meine Mutter konnte ich erst ein halbes Jahr später.

Luisa

Heute habe ich eine seltsame Erfahrung gemacht. Ich ruhte mich einen Moment aus, denn ich war müde und bewegt, hatte ich doch gerade von einem Attentat gehört, dem dreißig Menschen zum Opfer fielen. Das Fenster stand halb offen, die Sonne schien, ich sah einen Ausschnitt grüngoldenen Blattwerks, und ich rutschte in eine brunnentiefe Trauer. Worüber?

Es dauerte eine Weile, bis ich es herausfand. Es war die Trauer über das Abschiednehmenmüssen von allem, was mir auf dieser Erde lieb ist: vom Licht, von den Pflanzen und Blumen, den Bäumen, den Tieren, dem Gehen auf weicher Erde, dem Anlehnen an einen Stamm, dem Sitzen auf einem Stein – dereinst, wenn meine Stunde gekommen ist.

Immer hatte ich geglaubt, ich sei bereit für die letzte Stunde, ich würde Abschied nehmen, wie ich von vielem Abschied genommen habe, von meinem Kind, dem Mann, meiner eigenen Wohnung. Ich wäre es gewohnt, habe ich gedacht, es würde mir keine große Mühe machen.

Aber heute kam etwas ganz anderes hoch, diese Trauer über das Hergeben meines Lebens, dieses einen und einzigen. Es ist alles, was ich habe. Kostbar. Unersetzlich. Die Tränen rannen mir über die Wangen, bis mir ein Märchen einfiel. Es hieß »Die Boten des Todes«. Der Tod kommt einen Mann abholen. Der hadert und will nicht mitgehen, aber der Tod kann ihn überzeugen. Der letzte Satz hieß: »Da ging der Mann willig mit.« Dieses »willig« klingt mir in den Ohren. Werde ich willig mitgehen?

P.S. Am andern Tag ist mir eingefallen, was auf meinem Grabstein stehen soll:

»Ich habe gelebt.«

Binda
Ich habe das Märchen gefunden, von dem du sprichst, Luisa. Es ist ein deutsches Volksmärchen und erzählt von einem Mann, der dem Tod einen Gefallen tut und dafür von ihm das Versprechen erhält, dass er ihm seine Boten schicken wird, bevor er ihn abholt. Der Mann lebt darauf unbekümmert dahin, bis eines Tages unvermutet der Tod vor ihm steht und ihm bedeutet: »Es ist Zeit!« Da begehrt der Mann auf und sagt: »Du hast mir doch versprochen, deine Boten zu schicken, bevor du mich überfällst! Wo sind sie denn geblieben, deine Boten?« Der Tod erwidert: »Haben dich nicht immer wieder Krankheiten geplagt und aufs Krankenlager geworfen? Und hat dich nicht jede Nacht mein kleiner Bruder, der Schlaf, besucht und dich in seine Arme genommen? Das waren meine Boten!« Da konnte der Mann nichts mehr sagen und ging willig mit.

Dir, Luisa, ist in Erinnerung geblieben, dass der Mann willig mitging, dass er einwilligte zu sterben und sich dem Tod nicht länger widersetzte. Und deine Frage war: Wie kommt man dahin? Für mich ist das überhaupt noch keine Frage. Ich stehe ihr ebenso ratlos gegenüber wie du.

Bei dir, Luisa, spüre ich vor allem Trauer und Angst, und das Bemühen, dich tapfer mit dem Unausweichlichen auseinander zu setzen.

Die Inschrift für deinen Grabstein hat mich erstaunt. Du hast ja wohl kein einfaches Leben gehabt und schreibst trotzdem: »Ich habe gelebt.« Es klingt wie ein Siegel, auf ein volles Gefäß gedrückt.

Mein Grabstein ist noch leer. Meine Frage ist viel eher: Wie kann ich heute mein Leben auf gute Weise leben?

Luisa

Diesen Sommer gehe ich umher, sehe die sattgrünen Bäume an und schaue hinauf in die Kronen. Wenn ich das bewegte Laubdach mit den Einfällen von Sonnenlicht sehe, frage ich mich, ob ich das noch einmal erleben werde oder ob es heuer das letzte Mal ist. Dann sauge ich alles ein: die Farben, das Blätterrascheln, die Wärme. Es hilft aber alles nichts gegen den Schmerz und die Angst vor dem Abschied, dem Hergebenmüssen von Licht und Leben.

»Hinab in den Orkus«, heißt es, die Antike taucht auf mit den jammernden Schattengestalten der Unterwelt, die den wenigen lebendig Herabgestiegenen von ihrer Sehnsucht nach dem süßen Erdenlicht klagen.

Was ist *wirklich* nach dem Tod?

Tagsüber quälen mich die Gedanken weniger. Viola hat ein Bridge-Kränzchen gegründet, da mache ich hie und da mit. Das lenkt ab. Wir sitzen auch öfter zusammen im Garten und tauschen uns aus.

Trotzdem: Der Tod läuft neben mir her; ich kann ihm nicht ausweichen. Wie soll ich das aushalten? Abends vor dem Einschlafen streift mich der Gedanke: Was wäre, wenn ich nicht mehr erwachen würde? Früher habe ich öfters den Tod herbeigewünscht, aber je näher er kommt, desto mehr habe ich Angst vor ihm. Kann ich mich jemals mit ihm anfreunden? Es fällt mir schwer, weil ich den Glauben an das Glimpfliche verloren habe. Das Furchtbare kann jederzeit eintreten.

Ich spüre, es kommt etwas. Ich weiß nicht, woher es sich naht, aber es macht Angst, als ob etwas in mir zerspringen wollte. Ich weiß nicht, ob ein Schlag von außen oder von innen das Unsagbare bewirken wird. Ich weiß nur, dass ich mich fürchte.

Heute, beim Erwachen, habe ich das erlösende Wort gefunden, dem alle meine Glieder sich entspannt zuneigten: Was immer auch kommt, du wirst getragen.

Anfang Dezember: Viola hat mir Mimosen gebracht. Ich habe ihr erzählt, dass ich mir jeweils an Weihnachten, in der dunkelsten Zeit des Jahres, einen Zweig der gelben Frühlingskünder gekauft habe, um die Hoffnung auf das wiederkehrende Licht zu behalten. Jetzt erfüllt ihr Duft mein ganzes Zimmer.

Binda

Deine letzten Einträge sind datiert, Luisa, und du hast sie wohl in Todesnähe gemacht. Wie nahe du warst, weiß ich nicht genau, aber dieses Schwanken zwischen Angst und Vertrauen, Trauern und Sichergeben deutet auf die letzte Zeit hin, wo wohl alles schwankend wird, wo wir taumeln und Schritt für Schritt hineingehen ins Unbekannte, von dem niemand uns genau sagen kann, was uns darin erwartet. Dein erlösendes Wort vom Vertrauen ins Getragenwerden hat mich sehr berührt.

So stelle ich mir einen gnädigen letzten Übergang vor.

Luisa

Der zweite Tag im Jahr: Heute bleibe ich im Bett. »Ich bin zu müde, um aufzustehen«, habe ich zu Schwester Hanna gesagt. In Wahrheit habe ich Angst. Nach außen gebe ich sie nicht zu, aber sie sitzt mir im Nacken und zieht mir den Rücken zusammen. Angst wovor? Vor dem Sterben, vor dem Kranksein, Schmerzenhaben, Verlassenwerden ...

Ich habe ein Buch über Nahtod-Erlebnisse gelesen. Ich stellte mir vor, in dem Tunnel zu sein, den die Leute beschreiben, an dessen Ende das strahlende Licht aufscheint. Erst tappte ich vorwärts, auf das Licht zu. Schmerzen, Bedrückung und Mühsal fielen von mir ab. Ich wurde leichter und leichter. Einzig die Angst blieb. Seltsamerweise war es die Angst vor dem Licht. Ich bereitete mich darauf vor, mich hineinzustürzen, zitternd vor Sehnsucht, in seinem Strahlennetz aufgefangen zu werden, und zitternd vor Angst, ich könnte durch das Gleißen hindurchfallen, abgrundtief.

Ich liege mit dem Gesicht zum Fenster. Von Ferne sehe ich die Sonne durch die Bäume leuchten, ein silbriger Ball im Nebel. Ein altes Spiel aus der Kindheit fällt mir ein: Ich senke die Lider ein wenig. Dann scheint durch die Wimpern hindurch ein regenbogenfarbiger Strahlenkranz um die Sonne. Es lenkt mich ab, dieses Spiel; ich lasse den Strahlenkranz wieder und wieder erscheinen und verschwinden. Dann sehe ich noch mehr: Die hellen Vorhänge leuchten silbrig auf, die Gitterstäbe vor dem Fenster zeichnen ein dunkles Muster auf den Stoff. Die geraden Stäbe zeichnen sich gewellt ab in den

Stofffalten, als ob sie verbogen würden. »So geht das Gefängnis auf«, fährt es mir durch den Kopf. Ein Satz fällt mir ein: »Ich gebe mich in deine Hand.« Mein Rücken wird weich, ich sinke ins Kissen und sehe die Sonne stetig von Ferne leuchten.

Ich bin wohl eingeschlafen über meinem Spiel. Als ich erwachte, saß Viola neben mir. Da spürte ich wieder die Sicherheit des Netzes, das mich trägt.

Binda

Liebe Luisa, mir scheint, mit diesem Erlebnis hast du endgültig ins Vertrauen gefunden, dass du dich nicht mehr selbst halten musst, sondern getragen wirst. Mir fällt da die Geschichte ein von dem Mann, der, auf sein Leben zurückblickend, bald eine, bald zwei Spuren im Sand sieht. Er fragt Gott: »Warum hast du mich gerade in den schweren Zeiten verlassen?« Und Gott antwortete: »In diesen Zeiten habe ich dich getragen.«

Luisa

Der dritte Tag im Jahr: Diese Nacht hatte ich einen seltsamen Traum: Ich stand wie ein Baum in einer weiten Ebene. Meine Füße waren die Wurzeln, mein Körper der Stamm. Ich trug eine mächtige Krone. Es war ganz still, aber auf einmal durchfuhr mich eine Kraft, verhalten am Anfang, dann immer stärker. Sie drängte und drängte in mir, die Wurzeln brauchten mehr Platz, der Stamm wurde weiter, die Krone dehnte sich. Fast war's nicht zu ertragen, so ausgeweitet zu werden in jeder Richtung. Und plötzlich wuchs eine aus mir empor, in Windeseile, die überragte mich und hatte einen freien Blick, so frei, dass ich es wiederum kaum aushielt. Eine Stimme fragte mich, wer das wäre. Ohne Zögern antwortete ich: die Souveräne.

Binda

Dies ist dein letzter Eintrag, Luisa. Du bist mir vertraut geworden, als hätten wir zu Lebzeiten eine Beziehung gehabt. Dein Leben ist viel schwieriger gewesen als meines (obwohl ich nicht weiß, was mir noch bevorsteht). Es scheint mir aber in seiner Art vollendet.

Ich wünschte, in meinem letzten Traum einem ähnlichen Gefühl zu begegnen, dem Gefühl, dass etwas aus mir herauswächst, etwas Größeres, Freieres, als ich mir in meinem Leben je vorstellen konnte.

Mir bleibt, dir zu danken, Luisa. Bis vor kurzem hat das Alter vor mir gelegen wie ein weißer Flecken auf einer sonst bunten Landschaft. Meine Mutter konnte mir nichts hinterlassen, das ich hätte eintragen können. Sie ist weggegangen aus einem mittelmäßigen Leben mit der Hoffnung auf Geborgenheit, die sich nicht erfüllt hat. Sie ist dem Beispiel ihrer früh verstorbenen Mutter gefolgt – das Alter hat sie wohl gar nicht mehr auskundschaften wollen. Und ich hatte mir noch keine Gedanken gemacht über die Landschaft im weißen Fleck. Du, Luisa, hast mir Einblick und Ahnung gegeben in die Ströme und Schluchten, die Sonneninseln und Düfte in dieser Landschaft. Du hast mir geholfen, diese terra incognita nicht mehr zu fürchten als unwirtliche Gegend. Ich werde nicht dasselbe Alter haben wie du, aber ich will es leben wie du: mutig und eigenständig und im Vertrauen auf das Getragenwerden.

Bei meinem nächsten Besuch im Altenheim habe ich meine Verwandte gefragt, wie es Luisa in ihrer letzten Zeit gegangen sei. Ich erhielt die Antwort: »Sie hat sich sehr verändert; sie ist viel umgänglicher geworden. Wir haben gar nicht gewusst, dass sie so witzig sein konnte. Manchmal haben wir schallend gelacht über ihre Anekdoten. Sogar beim Bridge, in das Viola uns einführte, hat sie ab und zu mitgespielt. Das hing wohl alles zusammen mit der Freundschaft der beiden.«

Auch mit Viola, die ich nach Luisas Beschreibung sofort erkannte, habe ich gesprochen. Sie sagte: »Ja, wir hatten eine schöne Zeit miteinander. Luisa hat mir geholfen in meiner Trauer um meinen Mann; ich gab ihr das Gefühl, nicht mehr einsam zu sein. Wir konnten zuletzt über alles miteinander reden. Sie ist sehr friedlich gestorben. Ich habe ihre Hand gehalten, wie sie es sich gewünscht hat. Schade, dass uns nicht mehr Zeit blieb! Aber das Gute, was man erfahren hat, kann einem ja niemand wegnehmen.«

Nachwort

Mittlerweile gibt es eine umfangreiche Literatur zum Thema Alter und zahlreiche Veröffentlichungen zu spezifischen Altersthemen. Während des Schreibens bin ich immer wieder auf Artikel mit neuen Forschungsergebnissen zu den verschiedenen Themen gestoßen. Zwei davon schienen mir besonders interessant im Hinblick auf dieses Buch; ich gebe sie hier in gekürzter Form wieder. Außerdem füge ich das heute in der Wissenschaft gängige Kompetenz-Altersmodell bei, welches das Reduktions- und das Aktivitätsmodell abgelöst hat. Die Angaben stammen aus einem Vortrag von Verena Marthaler.

Alterspessimisten sterben um Jahre früher

Eine positive Einstellung zum Alter verlängert das Leben um durchschnittlich siebeneinhalb Jahre.

660 Bewohner der Kleinstadt Oxford im amerikanischen Ohio wurden von der Gesundheitsforscherin Becca Levy von der Yale University analysiert. Die Testpersonen waren vor 23 Jahren bei einer Langzeitstudie zum Altern ausführlich befragt worden. Damals bewerteten sie Aussagen wie »Wenn man älter wird, ist man weniger nützlich«. Wer seinerzeit solche pessimistischen Aussagen bejahte, musste früher sterben. Diesen frappierenden Befund veröffentlichte das *Journal of Personality and Social Psychology* in seiner August-Ausgabe. Das renommierte Fachblatt wird von der US-Psychologen-Vereinigung APA herausgegeben.

Der gefundene Unterschied von siebeneinhalb Jahren übertrifft die Bedeutung anderer Faktoren deutlich. Niedriger Blutdruck oder gesunde Cholesterinwerte verlängern das Leben laut Becca Levy lediglich um vier Jahre. Eine schlanke Figur, Verzicht auf Zigaretten, Abstinenz oder viel Sport bringen zwischen einem und drei Jahren.

Menschen mit negativer Einstellung zum Alter werden am Ende von ihren Vorurteilen eingeholt, vermutet Becca Levy. Denn mit den Jahren verschlechtert sich ihr Bild von sich selbst, und ihnen fehlt zunehmend die Kraft, sich dagegen zu wehren. In Laborexperimenten konnten die Forscher nachweisen, welche Folgen die Einstellung zum Alter unmittelbar haben kann. Die Psychologen riefen bei betagten Versuchspersonen negative Assoziationen wach, indem sie ihnen Worte wie »senil« zu lesen gaben. Die Worte blitzten nur so kurz auf, dass die Teilnehmer sie gar nicht bewusst wahrnehmen konnten. Doch bei anschließenden Denkaufgaben machten die so Eingestimmten mehr Fehler. Bei einem Gedächtnistest konnten sie sich schlechter erinnern. Sogar die Handschrift wurde unleserlicher. Vor allem aber reagierte ihr Kreislauf empfindlicher auf Stress.

Dies könnte nach Ansicht der Wissenschaftler einer der Gründe sein, warum es mit der Gesundheit von Menschen bergab geht, wenn sie vom Alter nur Schlechtes erwarten. Das neue Ergebnis passt gut zum Resultat der bislang einzigen ähnlichen Untersuchung. Auch bei einer groß angelegten Berliner Altersstudie lebten Teilnehmer mit einer positiven Haltung zum Altwerden deutlich länger, wie sich vor drei Jahren herausstellte.

Da der Zusammenhang nun erneut gefunden wurde, glauben die amerikanischen Forscher, dass verinnerlichte Vorurteile tatsächlich lebensverkürzend wirken können. Dafür spricht in ihren Augen auch, dass sie in ihrer Studie für alle Bevölkerungsgruppen das gleiche Ergebnis erhielten. Es gilt für Männer wie Frauen, ursprünglich Kerngesunde wie bereits Kränkliche, für unter 60-Jährige wie für über 70-Jährige. Ob jemand vereinsamt lebte oder viele Freunde hatte, spielte ebenso wenig eine Rolle wie Reichtum und Armut.

Jochen Paulus im »Tagesanzeiger«, Zürich, 2. August 2002

Pillen garantieren keinen zärtlichen Sex im Alter

Das Sexualleben alter Menschen ist durch Viagra nicht einfacher geworden.

»Meine Herren, können Sie sich vorstellen, dass in Hollywood jemals ein Film gedreht wird, in dem sich eine 75-jährige Frau im Bett windet und dabei Schreie der Lust ausstößt?«, fragte die deutsche Sexualforscherin Ulrike Brandenburg ihr überwiegend männliches Publikum am 5. Europäischen Kongress für Sexualforschung, der vorgestern in Hamburg zu Ende ging. Nachdem die Frage verhallt war, herrschte im Saal sekundenlang betretene Ruhe. Nur der Diaprojektor surrte. Einem Kongressteilnehmer glitt das Programmheft aus der Hand und klatschte auf den Boden. Ansonsten war es still. Niemand wollte sich zur Frage äußern. Mit dem Liebesleben alter Frauen beschäftigen sich sogar Sozialmediziner nur selten. »Die kommen auf dieser Bühne gar nicht vor«, sagte Brandenburg.

Oswald Kolle geht noch weiter: »Sex im Alter ist generell noch immer ein überlebensgroßes Tabu.« Das müsse sich ändern, meinen Experten. Denn mit der Einführung von Viagra seien bei den alten Leuten viele neue Probleme entstanden, die man dringend angehen müsse. Kolle, mittlerweile selbst ein älterer Herr, ist die graue Eminenz der sexuellen Befreiungsbewegung. Er hatte in den 60er-Jahren mit Aufklärungsfilmen für Aufruhr gesorgt und hat wegen seiner provokanten Aussagen schon einige Male in Untersuchungshaft gesessen. Seit dieser dunklen Zeit sei vieles besser geworden, meint er heute. Nur beim Alterssex habe man kaum Fortschritte erzielt.

Was eigentlich erstaunlich ist. Denn Männer werden heute im Schnitt über 70, Frauen sogar über 80 Jahre alt. »Sie sind also sehr lange alt«, sagt Brandenburg. In Untersuchungen geben rund 70 Prozent der Frauen über 65 an, sie seien sexuell noch in irgendeiner Form aktiv. Bei Männern ist der Wert vergleichbar.

Klar ist aber, dass sich das Sexualleben alter Leute von jenem eines Teenagers unterscheidet. Denn ab dem 40. Jahr verlieren menschliche Organe jährlich 1 Prozent ihrer Leistungsfähigkeit. Im Penis zum Beispiel bildet sich die glatte Muskulatur zurück. Sie wird durch Bindegewebe ersetzt. Als Folge davon wird die Erektion schwächer. (...) Bei Frauen sind es Veränderungen des Hormonspiegels, welche dem Wunsch nach Sex (...) abträglich sind.

Doch bei Männern haben diese Veränderungen viel fatalere Folgen, haben Forscher in Studien festgestellt.

Männer setzen ihre Potenz mit Leistungsfähigkeit und Macht gleich. »Für sie ist deshalb der Verlust der Erektionsfähigkeit das Schlimmste, was ihnen überhaupt passieren kann«, sagt Brandenburg. Die Forscherin hat festgestellt, dass sich Männer bei den ersten Anzeichen von Impotenz körperlich völlig zurückziehen. Sie hören nicht nur auf, mit ihren Frauen zu schlafen, sondern schmusen und kuscheln auch nicht mehr mit ihnen. Die Schamgefühle dominieren ihr ganzes Gefühlsleben. An diesem Punkt beginnen die Leiden der Frauen. »Ihnen fehlt nämlich nicht primär die Sexualität, sondern viel eher die Zärtlichkeit und die unterschwellige Erotik«, sagt Brandenburg. Auch alte Damen möchten schön sein, als Frauen wahrgenommen und einfach manchmal nur geknuddelt werden. Doch von ihren schwach gewordenen Männern können sie solches oft nicht mehr erwarten. Streicheleinheiten fehlen ihnen mehr als die Erektion.

Da die Männer aber offenbar nur dann zärtlich sein können, wenn ihr bestes Stück arbeitet, entschließen sich rund 10 Prozent der Herren irgendwann, nach langem, stillem Leiden, ihr Problem mit dem Arzt zu besprechen. Oft geschieht das sogar unfreiwillig. Viele Männer kommen wegen Kreislaufbeschwerden in Behandlung und bekennen im Verlauf der Therapie, dass es mit ihrem Stehvermögen nicht mehr zum Besten steht. Rund ein Fünftel dieser Patienten verlässt die Arztpraxis mit einem Rezept für Viagra.

»Viele denken sich dann: »Prima, das Problem ist gelöst«, sagt der englische Sexualtherapeut John Dean. Die würden sich bei nächstbester Gelegenheit eine der blauen Pillen verabreichen, sich vor der Gemahlin präsentieren und sagen: »Schau, Honey, es geht wieder.« Die Ernüchterung folgt meist auf dem Fuße. Denn im Schnitt hätten solche Paare schon seit über drei Jahren keinerlei sexuelle Aktivitäten mehr erlebt.

Vor allem die Frauen seien meist völlig überfordert vom plötzlichen pharmazeutischen Frühling. »Wenn sie einfach mit einem neuen Erektionsparadigma konfrontiert werden, ziehen sie sich zurück«, sagt Ulrike Brandenburg. Dies erkläre den Befund, dass die Hälfte aller Männer sich nur einmal im Leben ein Viagra-Rezept besorge und die Potenzpillen nach den ersten frustrierenden Erfahrungen nie mehr verwende.

»Deshalb ist es unumgänglich, dass die Partner gemeinsam über die Verwendung von Viagra entscheiden«, sagt Brandenburg. Es sei nötig, dass sich Ehepartner aus dem Gefängnis der Scham, das oft mit dem Altern einhergehe, befreien und sich gemeinsam eine Zukunft der Zärtlichkeit schaffen würden. Ansonsten verkomme Viagra zur Chemiekeule, von deren Einsatz niemand etwas habe. Eheleute müssten deshalb frühzeitig lernen, ihre sexuellen Bedürfnisse in Gesprächen regelmäßig neu aufeinander abzustimmen. (...)

Reto Kohler, Hamburg, in: »Der Tagesanzeiger«, Zürich, 7. Dezember 2002 (auszugsweise)

Die neuesten Forschungsergebnisse über das Alter

Die neuesten Forschungsergebnisse über das Alter besagen, dass die durchschnittliche Lebenserwartung in der westlichen Kultur zur Zeit für Frauen 79 Jahre und für Männer 74 Jahre beträgt.

Das kalendarische Alter ist nicht mehr maßgebend für den Verlauf der Altersphase. Ihr Verlauf ist nicht linear, sondern komplex. Relevant sind die erworbene berufliche Kompetenz (zum Beispiel die Teilhabe an Computerwissen), die finanzielle Situation (Gutsituierte leben länger) sowie die Fähigkeit, Neuem gegenüber aufgeschlossen zu sein.

Zur Zeit existieren drei Altersmodelle: das *Defizitmodell*, das *Aktivitätsmodell* und das *Kompetenzmodell.* Das erste galt ziemlich ausschließlich bis ca.1965, ab dann wurde das zweite entwickelt, und seit ca.1985 wird das dritte bevorzugt.

Das Defizitmodell betrachtet das Alter als Reduktionsphase, verbunden mit geistigem und körperlichem Abbau, Verlust von Fähigkeiten, Fertigkeiten und Kompetenz. Es wird auch mit der Disengagementtheorie verbunden, welche den Rückzug aus dem beruflichen und sozialen Leben betont. Sie geht von einem Menschen aus, der nicht mehr richtig funktioniert. Die Lebensqualität wird im besten Fall als »wohl verdienter Ruhestand« umschrieben.

Das Aktivitätsmodell geht von der Annahme aus, dass nur derjenige Mensch zufrieden sein kann, der etwas leistet und von anderen gebraucht wird. Älteren Menschen wird nicht mehr der Rückzug empfohlen, sondern Tätigkeit und bessere soziale Integration. Dieses Konzept ist eine Reaktion auf das Defizitmodell. Ältere Menschen müssen jetzt funktionstüchtig bleiben nach dem Motto »Wer rastet, der rostet«.

Das Kompetenzmodell bringt eine Korrektur der bisherigen Ansätze der Alterstheorien. Alter bedeutet jetzt eine Lebensspanne von zwei bis drei Jahrzehnten, in denen man verschiedene Entwicklungen durchmacht und sich verschiedenen Ereignissen, auch belastenden, stellen muss. Kompetenz umschreibt eine Lebenshaltung, welche die Handlungsräume und Entwicklungspotentiale des Alters nutzt und sich den Anforderungen der Anpassung nicht verschließt. Kompetenz ist in diesem Sinne nicht ein wertender Begriff, sondern bezeichnet die Fähigkeit eines Menschen, sein Leben entsprechend seinen Möglichkeiten zu gestalten.

Gleichzeitig wurde ein neuer Sprachgebrauch entwickelt: Alte Menschen werden als ältere Menschen bezeichnet, Senioren heißen die 50-Jährigen, als Alte darf man nur kraftvolle ältere Menschen bezeichnen, für gebrechliche ist der Ausdruck diskriminierend.

Kleines Alters-ABC

A: Alter, die letzte Phase unseres Lebens, die uns wie keine andere die Chance bietet, uns zu dem zu entwickeln, als das wir gemeint sind. Phase letzter Differenzierung der Persönlichkeit.

B: Beschwerden, lästige Begleiterscheinungen des Alters. Wie sehr sie uns quälen, hängt u.a. von der Einstellung ab, die wir zu ihnen haben.

C: Clara, Abraham a Sancta C., Augustinermönch (17. Jh.), der empfahl, sich furchtlos bereits im Leben dem Sterben zu stellen.

D: Dank: Das Alter bietet uns mancherlei Geschenke an, für die wir ihm danken können. Es erlaubt uns, neue Dimensionen in der Beziehung zu uns selbst und anderen zu finden.

E: Elementar für ein gutes Alter: das Gefühl, sein Leben immer noch gestalten zu können und im Austausch mit vertrauten Menschen zu stehen.

F: Freude. Sich an dem zu freuen, was einem erhalten bleibt, ist ein wahres Lebenselixier.

G: Gesundheit. Lohnt sich im Alter gut zu pflegen, da sie die Grundlage für ein befriedigendes Lebensgefühl ist.

H: Habenwollen und Nochmehrhabenwollen verhindert die Qualität des Sein-Könnens.

I: Insel: Eine Insel für sich selbst bauen; ein Raum der Stille, der Ruhe, der Besinnung auf das Wesentliche ist im Alter sehr wichtig.

J: Jammern über das Älterwerden ist ab und zu erlaubt, aber nicht länger als zehn Minuten täglich.

K: Kummer bleibt uns im Alter nicht erspart. Können wir mit Würde tragen, was uns auferlegt ist?

L: Lebenslängliches Wachstum ist das zentrale Anliegen der Altersphase.

M: Muße und Muss sollen sich im Alter die Waage halten.

N: Neugier: bitte beibehalten! Reduzieren Sie sich nicht auf eine Noch-Existenz.

O: Ordnung: Alte Menschen sind vollkommen in Ordnung. Sprechen Sie es sich selber nicht ab.

P: Projekte: Sich für neue Projekte interessieren bewahrt vor Langeweile.

Q: Quelle der Freude: Enkelkinder mit ihrer herausfordernden Lebendigkeit.

R: Rhythmus. Im eigenen Rhythmus leben können gehört zu den Geschenken des Alters.

S: Sexualität. Auch im Alter noch möglich, aber langsamer und mehr auf die Tiefe der Beziehung zielend.

T: Tod. Das unausweichliche Wissen um den Tod macht unser Leben besonders kostbar.

U: Unvollendet: nichts aufgeben, nur weil es unvollendet bleiben könnte.

V: Vielfalt ist ein Charakteristikum heutigen Alters.

W: Wachstum kennt keine Pensionierung.

X: VerfliXt – schon wieder ein Jahr um!

Y

. . . .

Eine besondere Aufgabe: die Qualität von wohltuender Leere finden.

Z: Zwölf, das ist das Ziel der Zeit – Mensch, gedenk der Ewigkeit.
(Aus einem alten Nachtwächterlied)

Dank

Ein Buch schreiben ist wie gebären: auf eine längere Tragzeit folgt der Engpass der Geburt. Und wie bei einer realen Geburt kommt man nicht ohne Unterstützung aus. Man gilt zwar am Ende als die Autorin, aber erst die unzähligen GeburtshelferInnen ermöglichen es, dass das Kind, das Buch, zur Welt kommt. Deshalb möchte ich alle in meinen Dank einschließen, die mir diese Unterstützung während des Schreibprozesses zukommen ließen. Besonders erwähnen möchte ich:

- meine Familie, die in einer solchen Phase immer etwas zu kurz kommt, weil wir nicht so viel Zeit zusammen verbringen können, wie es wünschenswert wäre;
- meine Freundinnen Birgit Dechmann und Irène Kummer, beide selber Autorinnen, die mich mit allem Verständnis begleiteten;
- meine Freundin Heidi Werder, mit der ich in langen Vorgesprächen Klarheit gewonnen habe über die wichtigsten Altersthemen;
- meine altersgleichen Freundin Margarete Hecker, mit der ich das persönliche Erleben des Alters austauschen konnte;
- meine Freundin Ann Mattess, die mich aus der Ferne getreulich mit Texten zu den verschiedenen Kapiteln versorgte;
- Franz Hohler danke ich für seine Unterstützung und die Erlaubnis, sein Gedicht »Vom richtigen Gebrauch der Zeit« in mein Buch aufzunehmen.

Mein tiefster Dank gilt all den Vorangegangenen, die mich gelehrt haben, wie man Alter, Tod und Sterben in Würde bestehen kann, insbesondere meiner geliebten Großmutter, meiner alten Freundin Adi Rieser, den Freunden Rudolf Mattess und Carl Hopkins, aber auch den früh und unglücklich Gestorbenen, die mich das Leben ehren lehrten für seine inspirierenden Kräfte, die mich nie im Stich ließen.

Meinen Klientinnen und Klienten, die mich teilhaben ließen an ihren Lebenserfahrungen, die mir erlaubten, ihre Beispiele aufzunehmen, und all den unbekannten alten Menschen, die ich in der Straßenbahn, im Zug, auf der Straße getroffen habe und die mich durch ihre Ausstrahlung inspirierten, sei herzlich gedankt.

Angelika Imhasly verdanke ich die gelungene Formulierung »Alter kennt keine Pensionierung«.

Verena Marthaler hat mich durch ihren Vortrag über den Umgang mit alten Menschen auf wertvolle Quellen aufmerksam gemacht.

Selbstverständlich bedanke ich mich auch bei Dagmar Olzog, meiner zuverlässigen, mich stets ermutigenden Lektorin beim Kösel-Verlag.

Auch der Insel Lanzarote möchte ich danken, die mich mit dem Feuergeist ihrer Landschaft inspiriert hat, als ich anfing, das Buch zu schreiben, und als ich es beendete.

Anfügen möchte ich den schlichten Text einer meiner Klientinnen, welcher wohl das Anliegen vieler Menschen ausdrückt:

Um was ich bitte im Alter

Lass mich gesund bleiben an Leib und Seele.
Kleine Gebresten will ich gerne hinnehmen,
aber allzu eingeschränkt lass mich nicht leben.
Wenn ich Abschied nehmen muss,
lass ihn nicht zu plötzlich kommen.
Ich möchte allen Lebewohl sagen, die mir lieb sind.
Lass mein Leben rund werden im Tod.
Lass mich zum Tod sagen: Ich vertraue dir!

Anmerkungen

1 Hermann Hesse: *Stufen.* Aus: Sämtliche Werke, Band 10: Die Gedichte. © Suhrkamp Verlag, Frankfurt am Main 2001
2 Aus: *The Unknown Region* von Eileen Campbell, übersetzt von Elisabeth Schlumpf
3 Aus: George Bernard Shaw in *The Unknown Region* von Eileen Campbell, übersetzt von Elisabeth Schlumpf
4 Die Formulierung wurde von Angelika Imhasly mit ihrer freundlichen Genehmigung übernommen
5 *Die Gedichte,* Frankfurt, Seite 381
6 Gottfried Benn: *Sämtliche Gedichte.* Klett-Cotta, Stuttgart 1998
7 Deutsche Volksmärchen, Fischerbücherei
8 Mündlich überliefert
9 Franz Hohler: *Vom richtigen Gebrauch der Zeit.* © Franz Hohler
10 Siehe u.a. *Elegie für Iris* von John Bayley, München 2000
11 James Hillman, *Vom Sinn des langen Lebens,* München 2000
12 Ovid. Aus: *Lyrik der Welt,* Berlin 1953
13 Hermann Hesse: *Sterbelied des Dichters.* Aus: *Sämtliche Werke,* Band 10: *Die Gedichte,* Suhrkamp Verlag, Frankfurt am Main 2001
14 Christiane Singer: *Zeiten des Lebens.* Diederichs, München 1991
15 *zürichexpress* vom 11. April 2002
16 Mitch Albom, *Dienstags bei Morrie,* München 2002
17 Marie Luise Kaschnitz: *Überall nie.* Ausgewählte Gedichte 1928–1965. © 1965, Claasen Verlag, jetzt München
18 Marie Luise Kaschnitz, aus *Dein Schweigen – meine Stimme,* München 1962
19 Aus: Sogyal Rinpoche: *Das tibetische Buch vom Leben und Sterben,* Seite 213
20 Rose Ausländer: *Noch bist du da.* Aus: dies., *Ich höre das Herz des Oleanders.* Gedichte 1977–1979. © S. Fischer Verlag GmbH, Frankfurt am Main 1984
21 Aus: Sogyal Rinpoche: *Das tibetische Buch vom Leben und Sterben,* Seite 32

22 Elisabeth Kübler-Ross in: Eileen Campbell: *The Unknown Region*, Wellingborough 1993, übersetzt von E.S.
23 Mündlich überliefert
24 Siehe dazu die Website www.hedweb.com
25 Monika Renz, *Zeugnisse Sterbender*, Paderborn 2000, Seite 76
26 Sogyal Rinpoche: *Das tibetische Buch vom Leben und Sterben*, Seite 58
27 ebd., Seite 58
28 Mitch Albom, *Dienstags bei Morrie*, München 2002, Seite 204
29 Monika Renz, *Zeugnisse Sterbender*, Paderborn 2000, Seite 218
30 Wolfgang Poeplau: *Öffne das Fenster ins Weite*. © Verlag Herder, Freiburg 1986

Literatur

Albom, Mitch: *Dienstags bei Morrie. Die Lehre eines Lebens*. München 1999

Ariès, Philippe: *Geschichte des Todes*. München, Neuaufl. 1999

Ausländer, Rose: *Regenwörter*. Ditzingen 1998

Backes, Gertrud/Clemens, Wolfgang: *Lebensphase Alter. Eine Einführung in die sozialwissenschaftliche Altersforschung*. Weinheim 1998

Bayley, John: *Elegie für Iris*. München 2000

Beauvoir, Simone de: *Das Alter*. La Vieillesse, Reinbek b. Hamburg, Neuausg. 2000

Beck-Gernsheim, Elisabeth: *Das halbierte Leben. Männerwelt Beruf, Frauenwelt Familie*. Frankfurt a.M., 7. Aufl. 1993

Beck-Gernsheim, Elisabeth/Beck, Ulrich: *Das ganz normale Chaos der Liebe*. Frankfurt a.M. 1989

Brack-Zahner, Bernhard: *53 Altengeschichten in einem Kalender für das Jahr 2001*. St. Gallen 2001

Brecht, Bertolt: *Die unwürdige Greisin. Und andere Geschichten*. Frankfurt a.M. 1990

Brückner, Christine: *Die letzte Strophe*. Berlin 1999

Buber, Martin: *Das dialogische Prinzip*. Gütersloh, 9. Aufl. 2002

Cameron, Anne: *Töchter der Kupferfrau.* Zürich 1996
Campbell, Eileen (Hrsg.): *The Unknown Region. Inspirations on Living and Dying.* Wellingborough 1993
Canacakis, Jorgos: *Ich sehe deine Tränen. Trauern, klagen, leben können.* Stuttgart 2002
Canacakis, Jorgos: *Ich begleite dich durch deine Trauer.* Stuttgart 2002
Chodorow, Nancy: *Das Erbe der Mütter. Psychoanalyse und Soziologie der Mütterlichkeit.* München 1985
Chödrön, Pema: *Wenn alles zusammenbricht. Hilfestellung für schwierige Zeiten.* München 2001
Chung-yuan, Chang: *Tao, Zen und schöpferische Kraft.* München, 7. Aufl. 1994
Dechman, Birgit/Christiane Ryffel: *Vom Ende zum Anfang der Liebe. Ein Leitfaden für die systemische Beratung und für Paare, die zusammenbleiben wollen.* Weinheim 2001
Deutsche Volksmärchen, ausgewählt von Ursula Ewig. Frankfurt a.Main und Hamburg 1960
Dienel, H.-L./Foerster, C./Hentschel, B./Kübler Chr. (Hrsg.): *Späte Freiheiten. Geschichten vom Altern. Neue Lebensformen im Alter.* München 1999
Douglas-Klotz, Neil: *Das Vaterunser. Meditation und Körperübungen zum kosmischen Jesusgebet.* München, 2. Aufl. 2001
Elsässer Valarino, Evelyn: *Erfahrungen an der Schwelle des Todes. Wissenschaftler untersuchen das Nahtod-Phänomen.* Weyarn 2000
Erikson, Erik: *Identität und Lebenszyklus.* Frankfurt a.M. 1976
Fix, Ulla/Habscheid, Stephan/Klein, Josef (Hrsg.): *Zur Kulturspezifik von Textsorten.* Tübingen 2001
Franz, Marie-Louise, v.: *C.G. Jung.* Frauenfeld 1972
Friedan, Betty: *Mythos Alter.* Reinbek b.Hamburg 1995
Fromm, Erich/Suzuki, Daisetz T./Martino, Richard de: *Zen-Buddhismus und Psychoanalyse.* Frankfurt a.M. 1976
Guardini, Romano: *Die Lebensalter. Ihre ethische und pädagogische Bedeutung.* Mainz 2001
Gedichte. Verbindliches Lehrmittel für die Sekundarschulen des Kt. Zürich 1959
Grimm, Jacob: Kinder- und Hausmärchen der Gebrüder Grimm. Frankfurt 1984
Hellinger, Bert: *Ordnungen der Liebe – Geschichten vom Glück.* Heidelberg 1996

Hentig, Hartmut von (Hrsg.): *Meine deutschen Gedichte.* Seelze 1999

Hesse, Hermann: *Die Gedichte.* Frankfurt a.M. 1977

Hillman, James: *Vom Sinn des langen Lebens. Wir werden, was wir sind.* München 2001

Höpflinger, François/Stuckelberger, Astrid: *Demographische Alterung und individuelles Altern. Ergebnisse aus dem nationalen Forschungsprogramm. Alter/Vieillesse/Anziani.* Zürich, 2. Aufl. 2000

Höpflinger, François: *Altsein in der Schweiz – Entwicklung und Gegenwart.* In: Pro Senectute Schweiz (Hrsg.): *Gesellschaft des langen Lebens. Hat die Solidarität der Generationen Zukunft?* Zürich 2001

IG Altern: *... und plötzlich bin ich alt.* Zürich 1993

Iglehart, Hallie: *Weibliche Spiritualität. Traumarbeit, Meditationen und Rituale.* München, 2. Aufl. 1988

Imber-Black, Evan: *Rituale. Rituale in Familien und Familientherapie.* Heidelberg 2001

Jacobi, Jolande: *Der Weg der Individuation.* Düsseldorf 1982

Jaeggi, Eva/Hollstein, Walter: *Wenn Ehen älter werden. Liebe, Krise, Neubeginn.* München, 5. Aufl. 2000

Jansen, Birgit u.a.: *Soziologische Gerontologie. Ein Handbuch für Lehre und Praxis.* Weinheim 1999

Jaspert, Reinhard: *Lyrik der Welt.* Berlin 1963

Jellouschek, Hans: *Die Kunst als Paar zu leben.* Stuttgart 2002

Kaschnitz, Marie Louise: *Dein Schweigen, meine Stimme. Gedichte 1958–1961.* Hildesheim 1979

Kast, Verena: *Trauern. Phasen und Chancen des psychischen Prozesses.* Stuttgart, 24. Aufl. 2002

Kast, Verena: *Der schöpferische Sprung. Vom therapeutischen Umgang mit Krisen.* Düsseldorf, 6. Aufl. 1994

Kast, Verena: *Freude, Inspiration, Hoffnung.* München 1997

Katz, Anne Rose: *Die Freiheit der späten Jahre.* München 1995

Kazi, Dawa-Samdup: *Das tibetanische Totenbuch.* Düsseldorf 2001

Keleman, Stanley: *Bioenergetisch leben. Wie wir uns über unsern Körper wahrnehmen und gestalten können.* München 1986

Keleman, Stanley: *Forme dein Selbst. Wie wir Erfahrungen verkörpern und umgestalten.* München 1994

Keleman, Stanley: *Lebe dein Sterben.* Salzhausen, 5. Aufl. 1999

Keleman, Stanley: *Formen der Liebe. Das Gestalten von Beziehungen aus somatischer Sicht.* Berlin 2002

Knoblauch, H.: *Berichte aus dem Jenseits. Mythos und Realität der Nahtod-Erfahrung.* Freiburg 1999
Kohli, Martin/Künemund, Harald (Hrsg.): *Die zweite Lebenshälfte – gesellschaftliche Lage und Partizipation im Spiegel des Alters-Surveys.* Leverkusen 2000
Kriz, Jürgen: *Grundkonzepte der Psychotherapie. Eine Einführung.* Weinheim, 5. Aufl. 2001
Kübler-Ross, Elisabeth: *Interviews mit Sterbenden.* Stuttgart, 22. Aufl. 1999
Kübler-Ross, Elisabeth: *Reif werden zum Tode.* München 2003
Kübler-Ross, Elisabeth: *Was können wir noch tun? Antworten auf Fragen nach Sterben und Tod.* Gütersloh, 3. Aufl. 1987
Kübler-Ross, Elisabeth: *Verstehen, was Sterbende sagen wollen. Einführung in ihre symbolische Sprache.* München 2000
Kübler-Ross, Elisabeth: *Kinder und Tod.* Zürich, 8. Aufl. 1998
Kummer, Irène: *Ich bin die Frau, die ich bin. Eine lebendige Beziehung zu sich und anderen finden.* München 1991
Kummer, Irène: *Das Babuschka-Prinzip.* München 1993
Kummer, Irène: *Im Mittelpunkt meines Lebens. Frauen ergreifen die Chancen der zweiten Lebenshälfte.* München, 2. Aufl. 2000
Lenz, Karl (Hrsg.): *Die alternde Gesellschaft. Problemfelder gesellschaftlichen Umgangs mit Alter und Altern.* Weinheim 1999
Levine, Stephen: *Sein lassen. Heilung im Leben und im Sterben.* Bielefeld, 3. Aufl. 1997
Linke, Angelika: *Trauer, Öffentlichkeit und Intimität.* Tübingen 2001
Longaker, Christine: *Dem Tod begegnen und Hoffnung finden. Die emotionale und spirituelle Begleitung Sterbender.* München 2001
Looser, Gabriel: *Die Seele ins Licht begleiten. Sterbebegleitung über den Tod des Körpers hinaus.* München, 2. Aufl. 2002
Luke, Helen M.: *Sinn des Alters.* Einsiedeln 2001
Mankowitz, Ann: *Auf neue Weise fruchtbar. Die seelischen Prozesse der Wechseljahre,* Zürich 1987
Martz, Sandra (Hrsg.): *When I am an old woman, I shall wear purple.* Watsonville, California, 1991
May, Rollo: *Der Mut zur Kreativität.* Paderborn 1987
Mayer, Karl-U./Baltes, Paul B.: *Die Berliner Altersstudie.* Berlin, 2. Aufl. 1999
Mettner, Matthias (Hrsg.): *Wie menschenwürdig sterben? Zur Debatte um die Sterbehilfe und zur Praxis der Sterbebegleitung.* Zürich 2000

Mindell, Arnold: *Schlüssel zum Erwachen. Sterbeerlebnisse und Beistand im Koma.* Düsseldorf 1989
Moeller, Michael Lukas: *Die Wahrheit beginnt zu zweit. Das Paar im Gespräch.* Reinbek b. Hamburg, 19. Aufl. 2002
Moody, Raimond A.: *Leben nach dem Tod.* Reinbek b. Hamburg 2002
Moody, Raimond A.: *Nachgedanken über das Leben nach dem Tod.* Reinbek b. Hamburg 2002
Nicolson, Nigel: *Portrait einer Ehe.* Berlin 1990
Noll, Peter: *Diktate über Sterben und Tod. Mit der Totenrede von Max Frisch.* München 2002
Nuland, Sherwin B.: *Wie wir sterben. Ein Ende in Würde?* München 1996
Onken, Julia: *Feuerzeichen Frau. Ein Bericht über die Wechseljahre.* München 1988
Perrig-Chiello, Pasqualina/Höpflinger, François: *Jenseits des Zenits. Frauen und Männer in der zweiten Lebenshälfte.* Bern 2000
Perrig-Chiello, Pasqualina/Höpflinger, François: *Wohlbefinden im Alter. Körperliche, psychische und soziale Determinanten und Ressourcen.* Weinheim 1997
Peters, Uwe H.: *Wörterbuch der Psychologie.* München/Wien/Baltimore 1977
Radebold, Hartmut: *Psychosomatische Sicht Alternder.* In Th. v. Üxküll (Hrsg.): *Psychosomatische Medizin,* München 1988
Renz, Monika: *Zeugnisse Sterbender. Todesnähe als Wandlung und letzte Reifung.* Paderborn 2000
Schlumpf, Elisabeth/Werder Heidi: *Immer für andere da? Wege aus der Überverantwortlichkeit.* München 2000
Schmidbauer, Wolfgang: *Altern ohne Angst. Ein psychologischer Begleiter.* Reinbek b. Hamburg 2003
Schneider, Hansjörg: *Nachtbuch für Astrid. Von der Liebe, vom Sterben, vom Tod und von der Trauer darüber, den geliebten Menschen verloren zu haben.* Zürich, 3. Aufl. 2001
Schubert, Franz: *Lieder.* Edition Peters, Nr. 8304b
Schwab, Gustav: *Sagen des klassischen Altertums.* Frankfurt a.M. 2001
Sheehy, Gail: *Wechseljahre – na und?* München 1995
Singer, Christiane: *Zeiten des Lebens. Von der Lust, sich zu wandeln.* München 2002
Sogyal, Rinpoche: *Das tibetische Buch vom Leben und vom Sterben. Befreit leben im Bewusstsein der eigenen Vergänglichkeit.* München 1993

Stäheli, Katrin: *Wohnen im Alter. Überlegungen und Ratschläge zum Eintritt ins Altersheim.* Zürich 2001

Thich Nhat Hanh: *Innerer Friede – Äußerer Friede.* Berlin, 3. Aufl. 1996

Thich Nhat Hanh: *Vierzehn Tore der Achtsamkeit. Zu einem spirituellen Engagement in der Welt.* Berlin 1998

Thomae, Hans: *Altersstile und Altersschicksale.* Bonn 1983

Vaughan, Frances: *Intuitiver leben. Wie wir unser inneres Potential entwickeln können.* München 1988

Wahl, Hans-Werner/Tesch-Römer, Clemens (Hrsg.): *Angewandte Gerontologie in Schlüsselbegriffen.* Stuttgart 2000

Wiesenhütter, Eckart: *Blick nach drüben. Selbsterfahrungen im Sterben.* Gütersloh 1995

Wilber, Ken: *Wege zum Selbst. Östliche und westliche Ansätze zu persönlichem Wachstum.* München 1996

Wilber, Ken: *Mut und Gnade. In einer Krankheit zum Tode bewährt sich eine große Liebe.* München 1996

Willi, Jürg: *Was hält Paare zusammen? Der Prozess des Zusammenlebens in psycho-ökologischer Sicht.* Reinbek b. Hamburg, 8. Aufl. 2002

Wirtz, Ursula/Zöbeli, Jürg: *Hunger nach Sinn. Menschen in Grenzsituationen, Grenzen der Psychotherapie.* Stuttgart, 2. Aufl. 1997

Kontaktadressen

Zentrum für Form und Wandlung, Zürich
Leitung: Elisabeth Schlumpf und Irène Kummer
Organismisch-integrative Körpertherapie (OIP)
Predigergasse 10, CH-8001 Zürich
Telefon: (01)-261 98 02, Fax (01)-261 98 03
e-mail: oip@bluewin.ch
www:oip-zfw.ch

Wenn ich einst alt bin

Wenn ich einst alt bin
trage ich Mohnrot
weil ich das Brennen nicht missen möchte
in meinen Gliedern
in meinem Herz

Einen großen Hut
der weit auslädt
und das Gesicht anmutig verschattet

Ich werde stolz sein
wenn die Leute hinter mir tuscheln:
Da geht die verrückte Alte mit ihrem Hut

Vieles
werde ich nicht mehr machen
Zuhören zum Beispiel
wenn ich nicht mag
oder bleiben wenn es mich langweilt
nicht mehr fächeln
mit höflichen Floskeln
sondern sagen wie es mir ist